HENRY LEYRET

LA RÉPUBLIQUE

ET

LES POLITICIENS

– LETTRES DE PROVINCE –

PARIS

BIBLIOTHÈQUE-CHARPENTIER

EUGÈNE FASQUELLE, ÉDITEUR

11, RUE DE GRENELLE, 11

1909

LA RÉPUBLIQUE

ET

LES POLITICIENS

HENRY LEYRET

LA RÉPUBLIQUE

ET

LES POLITICIENS

– LETTRES DE PROVINCE –

PARIS

BIBLIOTHÈQUE-CHARPENTIER

EUGÈNE FASQUELLE, ÉDITEUR

11, RUE DE GRENELLE, 11

1909

AVANT-PROPOS

Les études politiques qui forment cet ouvrage ont pour objet la situation actuelle de la République.

De graves commotions sociales en ont été la cause déterminante. Je veux parler des événements de 1907.

La France, il y a deux ans, fut troublée à la fois par des revendications corporatives et par la révolte du Midi. Surprise, déséquilibrée, elle fut alarmée jusqu'à l'affolement, qui était général. Au moment même où les gouvernants, débordés par un mouvement ouvrier dont plusieurs d'entre eux avaient été naguère les protagonistes ardents, laissaient entendre qu'au besoin ils le refouleraient par des lois, par des mesures de recul, espérant obtenir de

ces menaces impulsives le rétablissement
de la tranquillité publique, la famine pré-
cipitait une province entière — sans distinction de classes ni d'opinions — dans
la guerre civile. Il ne fallut pas moins que
la force armée, secondée par des manœuvres policières, pour dompter les départements soulevés.

Un bouillonnement social aussi formidable s'expliquait en apparence par des
raisons économiques. Ce fut du moins la
cause qu'on lui attribua. Il me sembla qu'il
résultait plutôt d'une situation générale
dans laquelle on devait chercher sa véritable origine. J'essayai de le démontrer dans une première étude où j'analysai
l'état d'esprit du pays. Ensuite ie jugeai
utile d'approfondir la question en exami-
nant la politique intérieure de la République depuis sa fondation, et en pesant
les forces réelles sur lesquelles elle s'ap-
puie dans l'opinion.

Le Figaro voulut bien accueillir ces travaux dus à la plume d'un républicain indépendant. Il en achevait à peine la publication que le directeur du *Temps* me demandait de tracer pour ses lecteurs un tableau véridique de la France politique. Me rendant à son invitation, j'eus l'honneur de lui adresser une quinzaine de lettres familières ayant pour but de faire ressortir, en quelques traits saillants, la politique pratiquée en province par les parlementaires et leurs associés officiels ou officieux.

J'offre ici au lecteur l'ensemble de ces travaux. Une même pensée m'a guidé en les composant : le souci de prouver, au fur et à mesure de mes observations, qu'il n'y a point similitude entre la République dont Gambetta disait qu'elle est la véritable formule du salut social et la République dont certaines coteries ont fait une raison sociale pour couvrir leur domination corruptrice.

Je n'apporte à cette publication nulle

vanité de littérateur. Mon seul désir est d'obtenir l'approbation des hommes qui pensent comme moi que la République n'est pas la propriété d'une caste de politiciens, mais la chose de tous les citoyens français.

H. L.

Février 1909.

LETTRES DE PROVINCE

PREMIÈRE LETTRE[1]

LE DÉPUTÉ N'EST PLUS UN « REPRÉSENTANT » : IL EST L'AGENT DU GOUVERNEMENT

Un observateur très fin, et qui était à la fois un conservateur assez mesuré, M. de Rémusat, notait qu'il y a en France quantité de gens qui n'ont que deux métiers : baiser les mains de leurs maîtres ou leur donner des coups de fusil; quand ils sont fatigués d'un exercice, ils passent à l'autre. Une série de révolutions plus ou moins imprévues, éclatées chacune après des périodes de fétichisme ardent ou d'apathie souriante, a dès longtemps établi que c'est là, en effet, l'une des caractéristiques les plus certaines de notre race. De sang chaud, ayant la main prompte et le cœur volage,

1. La première de ces lettres a été écrite en juillet 1908, au lendemain de la séparation des Chambres; la dernière en janvier 1909.

nous ne pratiquons la politique qu'à force de
caresses ou à coups de bâton. Idylle et férule !

En province, pour l'instant, nous en
sommes plus que jamais tout au baisement
de mains.

Voici les députés qui nous arrivent, assez
contents, et de fait, bien reçus. Après tout, ce
sont des hommes, et qui recommandent.
Eux-mêmes, d'ailleurs, sont d'un abord point
farouche, plutôt jovial. Tous n'ont pas, certes,
l'accolade facile ni les lèvres par trop expan-
sives. Mais les uns et les autres, députés
cossus ou députés menus, possèdent l'art de
se faire familiers à point. Sans laisser oublier à qui les approche la place importante
qu'ils occupent dans les pouvoirs publics, et
que tout, préfet, facteur, poireau, dépend
d'eux, ils ont le geste, le sourire qui flatte
l'électeur — et l'attache. On ne sache pas
qu'il existe en France un Conservatoire
à l'usage des hommes politiques, où ils
puissent apprendre les traditions, les « trucs »
de leur état. Or, la plupart, comme d'instinct,

les connaissent à merveille. L'oiseleur habile
à capter ses victimes au moyen de pipeaux
et de glu n'est pas plus ingénieux dans les
tours de son métier qu'ils ne sont experts à
séduire leurs commettants. Ce talent faisait
déjà l'admiration de la Grèce antique ; aussi
nos représentants ont-ils le droit d'être fiers,
car ils ont de qui tenir : à défaut de Démos-
thène, ils peuvent légitimement se réclamer
des héros d'Aristophane. Beaucoup de nobles
gentilshommes, de ceux qui affichent encore
des façons de grandeur orgueilleuse, ne sauraient se prévaloir d'une lignée aussi loin-
taine, et qui, loin de s'éteindre jamais, est
sûre de s'enrichir des alluvions de toute démocratie montante.

Quelques députés cependant, revenus à
leur lieu d'origine, forcent la note, à demi co-
miques, à demi héroïques. Ce n'est pas crime,
et l'on en peut plaisanter une seconde.

L'un d'eux, l'autre jour, riait tout le premier de son propre cas, dans une auberge
isolée où une averse intempestive nous mit
en présence. Rien de tel pour délier les

1*

langues comme un orage qui vous oblige, en
vous trempant soudain, de gîter au hasard
des masures. Cet honorable — et pas un
rustre ! s'il vous plaît — se laissa aller, le
verre en main, tandis que ses vêtements sé-
chaient devant l'âtre vivement allumé en son
honneur, à raconter comment il s'y prend
pour plaire à ses électeurs. Sitôt installé
dans sa belle maison bourgeoise, il fait assa-
voir aux gens du pays que, fort occupé par la
préparation des travaux parlementaires de la
saison prochaine, il ne pourra les recevoir
qu'à telle heure matinale. Eux, comme vous
pensez, de venir à l'instant prescrit, déjà péné-
trés de respect pour un homme aussi « entendu ». Ils ne sont pas au bout de leur
étonnement. L'attente protocolaire écoulée,
on les introduit, et jugez de leur stupéfaction : ce n'est pas devant un imposant bureau
chargé de paperasses qu'ils trouvent « monsieur le député », c'est dans sa baignoire !
Lui de s'excuser à eux de son sans-gêne, en
prétextant bonnement que la somme de ses
travaux ne lui laisse pas d'autre moment dis-

ponible pour ses réceptions. « Il s'en vont enchantés, ajouta-t-il, car je leur donne là, en
sus, une preuve visible de fraternelle égalité ! »

Tandis qu'il proposait à notre admiration
ce trait de son génie, une anecdote me
revenait à la mémoire. M. Thiers, sur le
point de nommer un homme de valeur à la
tête d'une légation difficile, apprit qu'il manquait de tenue. Il le manda auprès de lui
sur les six heures du matin. Le futur diplomate fut exact au rendez-vous. L'homme
d'État le reçut dans son cabinet de toilette.
Tout de suite, il lui parla des nécessités mon-
daines de la fonction à laquelle il l'appelait,
ponctuant ses conseils de la même recommandation : « Il faut de la tenue, monsieur,
il faut de la tenue. » Par malheur, le mot
tenue sortait de la bouche de M. Thiers aux
moments mêmes où il esquissait quelques
gestes d'ablutions intimes, si bien que son
interlocuteur finit par lui dire, en s'inclinant
gravement : « Oh ! pour de la tenue, monsieur le Président, le modèle que j'ai devant

les yeux me servira d'exemple. » Pour les
âmes indulgentes, voilà une posture de chef
d'État qui excuse le député recevant ses électeurs au bain.

Tout de même, pour qui sait regarder et
se souvenir, les temps ont bien changé. Que
j'en ai vu revenir dans leurs circonscriptions,
des députés, à l'époque des grandes vacances !
Entre autrefois et aujourd'hui, je note des
différences très sensibles. La plus éclatante
ressort de la transformation radicale (prenez
cet adjectif, je vous prie, en son sens original)
qui s'est produite dans la personnalité même
du député. C'était le plus souvent, il y a
vingt-cinq ans, un homme de combat dont
personne ne doutait qu'il ne fût sincèrement
attaché à des opinions arrêtées, à un programme ferme. Républicain modéré ou
avancé, il gagnait son siège de haute lutte,
et les comités qui le soutenaient dans nos
bourgs et nos campagnes lui étaient plus re-
connaissants de son dévouement aux intérêts
généraux du pays que de son empressement à
rendre des services individuels. Alors il était

vraiment le *représentant*, celui qui avait été
choisi par son parti pour aller à Paris soutenir « le drapeau ». Aussi, quand les vacances nous le ramenaient, c'était chez nous
branle-bas général ; les passions se réveil-
laient, le « cercle » illuminait, une flamme
brillait aux yeux des *militants*, et ses partisans joyeux l'accueillaient aux bruits des
pétards renforçant les cris de : « Vive la République ! »

Enthousiasme naïf, je le veux bien, et
dont trop de parlementaires actuels rou-
giraient comme d'une faute contre la bien-
séance officielle. Ingrats, qui seraient sans
doute restés plus obscurs que des grains de
sable sans les belles batailles de ces années
héroïques !

Une fois, étant tout jeune homme, j'ac-
compagnai un député en visite dans les
communes rurales de sa circonscription. Ce
fut durant plusieurs jours une promenade
ravissante à travers la montagne. Un peu
trop de banquets peut-être, encore que mes
dix-huit ans leur fissent largement honneur.

Mais c'étaient des banquets à la bonne fran-
quette, sans aucun cérémonial, sans aucune
pose, entre amis, puis-je dire, et où l'on ne
parlait que de *la cause*. A l'entrée des villages, pas d'écharpe municipale, pas de
garde champêtre endimanché ; rien que des
paysans, des paysans en tenue des champs,
dont quelques-uns s'étaient munis de leurs
cuivres pour entonner — sans casquettes et
sans pompons, grands dieux ! — cette bonne
Marseillaise. Et les heures passaient dans
une cordiale familiarité. Le député exposait
clairement, franchement la situation politique ; il disait pourquoi son opposition à tels
projets de loi, pourquoi son adhésion à tels
autres, et, ses explications données, il s'ouvrait une causerie où chacun disait son mot,
posait des questions, librement, sans arrière-
pensée. Ah ! c'était bien là ce que nos pères
appelaient « la famille républicaine ». D'intérêts, d'appétits, ces braves gens ne s'en
occupaient guère. Oui, parfois, ils entretenaient le député des besoins de la commune, de l'école surtout. Mais d'eux-mêmes,

voyons, d'où leur en fût venue l'ambition ?
Pourtant, j'ai gardé le souvenir d'une re-
quête formulée au cours de cette tournée. Un
matin, comme nous quittions un village par
un splendide lever de soleil, je vis un vieux
paysan s'approcher du député.

« Et mon fusil ? fit-il d'une voix rude.

— Quel fusil, père Untel ?

— Celui qu'*ils* m'ont pris au 2 Décembre.
C'était un bon ! Maintenant le gouvernement
devrait me le rendre, puisque vous avez voté
de faire justice aux victimes. Et puis, j'en
aurai peut-être encore besoin pour défendre
la République !... »

Le bon vieillard ! Ce n'était pas une pension, ni une décoration qu'il demandait,
celui-là, c'était le fusil que tout paysan garde
jalousement avec soi jusqu'à la mort, parce
qu'il s'en sert à l'occasion contre le petit
gibier, et le gros.

Je ne ferai plus de ces randonnées démocratiques. Aujourd'hui, les acteurs qui y fi-
gurent sont trop chamarrés. Ce n'est plus un
représentant qui vient parmi nous, c'est un in-

tendant. Au premier, on demandait d'apporter
des idées. Au second, on réclame des places.
Celui-là ne marchait escorté que de la confiance populaire. Celui-ci, il lui faut un cortège
officiel où paradent tous les fonctionnaires...

Il n'est pas un méchant homme, notre député ; il n'est ni sot, ni malhonnête ; et
cependant, nous sommes ici un certain
nombre qu'il attriste, qu'il décourage, bien
que jusqu'à présent nous ayons toujours voté
pour lui. C'est que nous ne comprenons pas
qu'il ait eu la faiblesse de troquer sa dure
indépendance de jadis contre les apparences
de potentat local, contre l'orgueil de se dire
l'ami des ministres — quels qu'ils soient —
et le dispensateur des faveurs gouvernementales. Quand il arrive à la gare, c'est à peine
si ses amis peuvent lui serrer la main : le
voilà soudain accaparé par le préfet, le co-
lonel, les sous-préfets, les receveurs, les com-
missaires de police, enfin toute la kyrielle
administrative. Le pauvre homme ! Il est le
maître de tous les fonctionnaires, c'est entendu,
et nous voyons bien qu'il jouit de leur plati-

tude commandée d'en haut ; mais il est également leur chose, et il en pourrait pâtir avant qu'il soit longtemps... Car il n'est plus *notre* député : il est dans le département le premier agent du gouvernement. Beaucoup le saluent bien bas — moins par respect que par peur...

L'été, quand l'eau ruisselle sur les campagnes, que l'humidité fait frissonner les membres, on trouve les journées trop longues, et si tristes ! On s'enferme, on lit, on rêve. L'autre après-midi, comme la grêle, hélas ! crépitait sur les vignes, je pris un volume d'histoire ; il avait trait aux débuts de la seconde Restauration ; une lettre me frappa ; elle était de l'abbé de Montesquiou, qui, quoique fervent royaliste, ne se laissait pas aveugler par le stupide absolutisme dont la Chambre Introuvable était affolée. Il l'écrivait du Gers, où il observait avec perspicacité l'état des esprits, à un ami de Paris en mesure de faire entendre la vérité à qui de droit :

« Tout ce qui est honnête et raisonnable est royaliste, disait-il ; mais grâce à nos discussions, ils ne savent plus comment il faut l'être... MM. les députés viennent brochant sur le tout, se donnant pour de petits pro-consuls, disposant de toutes les places, an-nulant les préfets, et vous voyez ce qu'il peut rester d'autorité au roi, dont les agents ont des maîtres et dont rien ne se fait en son nom. Quant à l'administration, vous jugez bien que personne n'y pense... Il ne nous reste que des destitutions, des dénonciations et des députations. Si vous pouviez nous les échanger pour un peu d'autorité royale, nous verrions encore la fin de nos misères : mais dépêchez-vous... »

Rêvé-je ? cette lettre est-elle bien datée du règne de Louis XVIII ? Mais oui : 8 juin 1816 — presque un siècle écoulé ! Et c'est sur l'émiettement de l'autorité du roi que gémit l'abbé de Montesquiou, non de l'autorité de la République. Pourtant, ô re-commencements de l'histoire, je m'y serais trompé ! République, royauté, il est des temps de perturbation morale où les mœurs politiques ont de ces analogies...

DEUXIÈME LETTRE

RÉTABLISSEMENT DE LA CANDIDATURE OFFICIELLE AU PROFIT DES POLITICIENS

Je vous écrivais que notre député est devenu dans le département le premier agent du gouvernement. Ce serait un tort de supposer qu'en constatant cette transformation je lui aie fait injure. Loin de s'en défendre, sa nouvelle fonction le comble d'aise : il l'étale, il en est glorieux. Les députés du cens, sous la monarchie de Juillet, n'étaient pas plus fiers d'éblouir la petite bourgeoisie avec les riches prébendes qu'ils devaient à leur approbation muette de la politique du « juste-milieu ». Car il semble à certains hommes, quel que soit le régime, qu'il n'y ait de bon gâteau de miel que doré de près par les rayons du soleil : c'est seulement lorsqu'ils s'y brûlent qu'ils se souviennent d'Icare. Mais il est trop tard!

Il fut un temps (je n'apprécie pas, je verbalise) où il y avait guerre déclarée entre le pays politique et le pays administratif. Ne croyez pas que je parle d'avant le déluge, je veux dire des années d'âpres luttes qui ont précédé le triomphe légal et moral de la République. Non ! Encore après la prédominance rassurante des Gambetta et des Jules Ferry, la présidence des Grévy et des Carnot, l'hostilité persistait. Alors, chez nous (et ce n'est point, je vous assure, un foyer d'anarchie !) il était extrêmement dangereux pour un candidat de paraître patronné par l'administration. Les députés sortants, ceux du moins qui, par leur attitude au Palais-Bourbon, auraient eu quelque droit à son appui, suppliaient le préfet de ne les servir qu'avec circonspection, de ne pas se montrer auprès d'eux, tant ils avaient peur de se compromettre en sa compagnie. Aujourd'hui, pour un député qui tient à sa réélection, préfets et sous-préfets ne sont plus qu'une insuffisante menue monnaie : il ne se croit sûr de son affaire que s'il peut établir son influence aux

yeux des populations en se montrant bras
dessus, bras dessous avec quelque ministre
ou quelque sous-secrétaire d'État.

J'ai vu quand et comment s'est opérée cette
transformation. C'est plus qu'un changement
de mœurs : c'est un point d'histoire.

La première fois, au moins dans notre région, qu'aux élections générales les fonctionnaires exercèrent une action *visible*, ce fut en
1898. Le gouvernement d'alors pensa exploiter les passions publiques — préoccupations
économiques du pays, son énervement tendu
dans la campagne de revision d'un procès
célèbre — pour soutenir vigoureusement des
candidats à lui dévoués. C'était trop tôt. Les
esprits n'étaient pas préparés à une intervention administrative aussi avouée dans le
corps-à-corps électoral. Il éclata dans nos
cantons de violentes protestations qui eurent
leur écho à la tribune de la Chambre. On
pouvait croire que les procédés fameux du
second Empire et de l'Ordre moral portaient
à jamais condamnation contre la candidature
officielle : nous n'en voulions à aucun prix !

Eh bien, voici le phénomène : cette même candidature officielle dont nous étions les adversaires déterminés, c'est nous, électeurs, c'est nous, républicains, qui l'avons rétablie — et franchement, et publiquement — quatre ans après ces mêmes élections de 1898 où nous l'avions dénoncée avec rage. Et je le prouve.

En 1902, voyant les institutions menacées, en tout cas attaquées par des partis furieux, par là-dessus ne sachant plus que penser d'une Chambre qui, dans des heures graves, nous avait donné le spectacle de faiblesses, de contradictions stupéfiantes, nous restâmes quelque temps inquiets et hésitants. D'une part, les modérés de l'époque, avec leurs timidités, ne nous paraissaient pas de taille, malgré le grand talent de leurs orateurs, à maintenir nos lignes de défense contre l'ennemi commun. D'autre part, les révolutionnaires, bien que dans la bataille ils eussent jeté feu et flamme, risquaient de nous entraîner trop loin. Entre ces adversaires innés il y avait bien un parti radical, mais l'attitude

équivoque de plusieurs de ses membres nous
rendait envers lui méfiants. Dans cette situation, que faire?... D'instinct, nous prîmes
pour boussole la direction des hommes qui
étaient au pouvoir. Eux, ils avaient pris pour
devise : « Avant tout — la défense républicaine. » Ce fut notre unique programme. Et
voulez-vous savoir quelle était la question
qu'avant toutes autres nous posions aux
candidats? Celle-ci : « Êtes-vous ministériels? » Ceux qui ne l'étaient pas, on les
priait, un peu vivement parfois, de passer
leur chemin.

Êtes-vous ministériels ! C'est, je crois, la
première fois sous la troisième République
que la condition, la justification d'un ministérialisme ardent fut imposée par la démocratie militante aux coureurs de mandats.
Non pas uniquement dans les circonscriptions
d'opinions moyennes : dans le département
voisin, où se trouvent de grands centres ouvriers, les candidats socialistes avaient sous-
crit au pacte, arborant fièrement, eux aussi,
la qualification exigée.

Ce serait à refaire, bien entendu en une heure de péril, je crois que nous agirions encore de même. Mais, cette fois-ci, nous prendrions nos précautions !

En effet, tandis que dans notre esprit ministérialisme devait être simplement, et pour un temps donné, synonyme de républicanisme, les politiciens, eux madrés, en faisaient un mot de passe définitif pour s'imposer au nom de la démocratie, ici aux fonctionnaires, à Paris aux pouvoirs publics. Maintenant, le pli est pris ; ou du moins, comme nos populations terriennes sont lentes à comprendre, beaucoup s'imaginent encore que désormais la première garantie à exiger d'un député républicain est qu'il s'affirme d'abord ministériel. Comment le pourrait-il mieux faire, si ce n'est en s'offrant à nous comme l'agent direct du ministère en fonctions, que celui-ci soit présidé par Pierre ou par Paul? Et n'est-il pas fatal qu'il se trouve forcément entraîné à faire valoir les attributs de sa puissance? Ces attributs, vous les connaissez : bénéfice revendiqué de la candidature officielle à pression ouverte, dispense exclusive, à pleines mains, de la manne ministérielle. C'est pour lui, je le reconnais, une double nécessité dans l'état des choses ; mais elle a les conséquences que nous voyons : suppression absolue de l'autorité, de la dignité administrative, élévation impudente des tyrans de village, déchaînement des appétits et des vilenies.

Je ne suis pas assez grand clerc pour me permettre de chercher ce qu'il peut subsister d'esprit politique, je dirai mieux : d'esprit civique, dans un pays ainsi livré à la domination jalouse de ses députés, alors que ceux-ci, hypnotisés par leur intérêt électoral *mal compris*, s'abandonnent eux-mêmes au gouvernement qu'ils ont au contraire pour mission de retenir ou de stimuler, de surveiller ou de gourmander. Ce n'est pas mon affaire. Mais je ne pense pas qu'il soit besoin de consulter Machiavel et Guichardin, Montesquieu et Benjamin Constant, pour comprendre que l'essence d'une démocratie de suffrage universel est de maintenir

l'opposition — je ne dis pas l'antagonisme
— entre le régime représentatif et le régime
administratif. Entre les deux, s'ils se res-
pectent, s'ils veulent vivre dans la vérité de
leur rôle, et surtout s'ils songent au bien
public, toute conciliation est impossible.

Là-dessus, je m'en rapporte à l'homme qui,
au dix-neuvième siècle, a été l'ennemi le plus
déclaré, le plus tenace, des idées révolutionnaires, en même temps qu'un défenseur opi-
niâtre des prérogatives parlementaires. J'ai
nommé Guizot, — mon Dieu! oui. Aux représentants, disait-il à peu près, le contrôle; aux
administrateurs, la gestion. Aux premiers,
les affaires générales; aux seconds, les
affaires locales. S'il en est autrement, si,
entre le régime représentatif et le régime
administratif, il y a centralisation, confusion, qu'arrive-t-il? « Le pouvoir les lie
étroitement (élus et fonctionnaires) à ses
propres intérêts, et l'administration tout
entière, depuis le hameau jusqu'au palais,
n'est plus qu'un moyen de gouvernement
entre les mains des partis politiques qui

se disputent le pouvoir. » Au moins, du
temps de Guizot, y avait-il encore des partis
politiques ; au Palais-Bourbon, il se peut
qu'il en existe : ici, nous n'assistons qu'à
des rivalités de clans ; — le malheur, c'est
que nous en sommes l'enjeu !

Par ces réflexions auxquelles je me suis
laissé aller, — et vous m'en excuserez, car
la question est capitale pour la province,
— vous devinez à quoi a abouti la modifica-
tion survenue dans la fonction de député.
Vous autres, sur le boulevard, les conséquences de cette nouvelle situation vous
échappent totalement. Libres de vos paroles
et maîtres de vos gestes, vous ne craignez
personne. Seules, les lois, par leur caractère d'égalité, vous atteignent comme nous,
— et encore pourrais-je établir une différence
dans les moyens, les procédés d'application.
Ici, lorsque nous manifestons des velléités
d'indépendance, nous nous trouvons en butte
à l'action pernicieuse des agents du maître :
l'administration — et la *contre-administration.*

La première, peut-être nous en accommoderions-nous, parce que, dans sa généralité, elle souffre elle-même de cet état de choses. Mais la seconde!... Celle-là, c'est la peste. Je ne l'étudierai pas : un fait tout cru vous la fera mieux connaître qu'une analyse, et entre des centaines je choisis celui-ci parce qu'il est assez récent — et typique.

Près le pigeonnier où, par ces nuits merveilleusement étoilées, je me plais à oublier quelques instants les éternelles misères humaines en contemplant l'immortelle lumière du ciel, je rencontrai un petit cultivateur de mes voisins, fou de colère. Son cas exposé, je tentai de lui faire entendre raison, je m'avançai même, pour l'apaiser, jusqu'à lui promettre d'écrire à des connaissances de Paris d'intervenir en sa faveur auprès des pouvoirs publics. Mais sur ces mots, à mon grand étonnement, il éclata :

« Vous, monsieur ?... Pas plus qu'un autre, vous n'y pouvez rien, personne n'y peut rien! Celui qui m'a fait tort, je vous le répète, c'est l'homme du député dans la commune, quasi son factotum, — son espion, quoi! — et celui-là, y a pas de général, y a pas de préfet, y a pas même de ministre qui tienne : chez nous, il est le maître!... »

Un juron, un geste las, un silence sombre, ce silence propre aux vaincus qui ruminent une vengeance impuissante ; puis tout bas, tout bas, me regardant en dessous comme s'il proférait un blasphème, il murmura : « Ah! le régiment!... »

Voici la chose. A l'époque des moissons, qui varie comme on sait selon les régions, les chefs de corps sont tenus de délivrer des permissions aux soldats agricoles qui en font la demande justifiée. Ces permissions ne s'accordent qu'après avis favorable de la préfecture, celle-ci s'informant de la situation des postulants. Mon voisin possède quelques arpents de terre, dont il vit, chichement. N'ayant pas les moyens de payer un ouvrier, il comptait que son fils, actuellement au service, viendrait faire la récolte avec lui : sinon, elle serait aux trois quarts

3

perdue. Le fils vint en effet muni d'une permission en règle. Or, deux jours après son arrivée, il recevait du garde champêtre l'ordre de rejoindre la caserne par le premier train : la permission lui était retirée.

Que s'était-il passé ? Les enquêtes préfectorales sur les familles de soldats agricoles, leurs ressources, leurs besoins, ne sont pas toujours uniquement techniques : depuis quelques années, elles sont devenues, de plus en plus, politiques. L'orage qui s'abat sur la plaine en trombes dévastatrices apporte avec lui l'égalité dans la ruine : tous les épis, il les fauche sans distinguer leur couleur. C'est la couleur, au contraire, qui décide à la préfecture entre les hommes des champs : à ceux qui, par conviction ou par intérêt, adoptent la nuance à la mode — tout ; aux autres — rien. Ainsi s'explique que les permissions agricoles ne soient plus seulement l'apanage de la nécessité, mais trop souvent l'effet de la faveur.

Mon voisin n'est pas un réactionnaire. Loin de là ! C'est un bon, un vieux républi-

cain. Il faut l'entendre parler des luttes du
temps de sa jeunesse! Ses yeux en pétillent
d'ardeur. Mais voilà! il n'est pas au goût du
jour, ou plutôt, c'est un tas de gens et de
choses du jour qui ne sont pas à son goût.
Cela, depuis quelque temps, il le dit sans se
gêner, tout haut.

Ce fut son tort. Quand son fils vint pour la
moisson, le secrétaire du comité se rendit sans
désemparer à la ville. Ce secrétaire est un personnage : correspondant de feuilles régio-
nales, délégué de je ne sais quoi, — agent du
député. Comme tel, on l'écoute, on le redoute.
Aussi faut-il voir de quel ton il vous parle
aux plus hauts fonctionnaires!... Ah çà!
était-on fou à la préfecture? Comment! on y
favorisait des fils de mécontents, et par-dessus
le marché, sans le consulter, lui, l'ami du député, lui, son représentant dans la commune!...
Mais si ça continue ainsi, la République est
perdue!... Parbleu! le préfet trahit...

Hélas! le préfet ne « trahissait » pas ;
menacé d'être dénoncé à Paris s'il ne répa-
rait *sa faute* sur-le-champ, il s'exécuta, il

donna l'ordre de faire rappeler par dépêche
le permissionnaire... La récolte de mon voisin est perdue, mais la République est sauvée...

TROISIÈME LETTRE

AVILISSEMENT DE L'ADMINISTRATION
PAR LES POLITICIENS

Assis à son bureau, compulsant des dossiers, M. l'inspecteur d'Académie prépare le mouvement annuel des instituteurs et institutrices de son département. Ces dossiers, pour la plupart, sont assez épais. Ce ne sont pas les notes professionnelles qui les encombrent (quinze à vingt lignes, d'ordinaire, y suffisent), ce sont les lettres de recommandation, les lettres de dénonciation, fraternisant là pêle-mêle. Délégués des comités, délégués cantonaux, conseillers d'arrondissement, conseillers généraux, chacun émet son avis, chacun écrit son mot, tous ayant leurs préférences et leurs inimitiés, tous prétendant les imposer. Par là-dessus, au dernier moment, surviennent les instructions du préfet, les lettres péremptoires des sénateurs, des dépu-

3*

tés, puis, comme bouquet, les ordres directs du ministre lui-même. Ce dernier, en général, se désintéresse volontiers de ces misères; mais il lui arrive d'être sollicité, de vouloir, par exemple, être agréable à quelque homme du monde rencontré la veille au foyer de la Comédie ou dans un restaurant du Bois, et qui, négligemment, l'a prié de faire quelque chose pour l'institutrice de la commune où il va, l'été, se mettre au vert. Ah ! Parisiens, gentils moineaux légers et pépiants, vous ne vous doutez pas de quelles iniquités vous êtes souvent la cause, oh ! sans le vouloir, pour le simple plaisir de nous montrer, au temps de votre villégiature, que vous avez, vous aussi, des relations en haut lieu...

M. l'inspecteur d'Académie est plein de bonne volonté. Ne fût-ce que pour sa tranquillité personnelle, il serait enchanté de pouvoir contenter tout le monde. Mais, tiré à hue et à dia, comment y réussirait-il? Sans compter que, tout de même, le service a ses exigences. Sous ses ordres peinent de braves gens, dévoués, zélés, et qui, depuis long-

temps, méritent de l'avancement. Il voudrait
bien le leur donner, lui, mais ceux-là sont
précisément le plus dépourvus de protections.
Le haut fonctionnaire maudit son sort. Pris
entre les titres et les compétitions, forcé de
tenir compte des influences supérieures qui
le cernent, en vérité il est à plaindre. Mais
voici quelqu'un qui va le sortir d'embarras
lestement.

Ce *deus ex machina* est M. Z..., le « grand
homme » du département. Au vu et au su de
tout le monde, M. Z... est l'ami des ministres
(l'un d'eux s'est reposé chez lui tout un après-
midi!), et personne n'ignore qu'il compte
bien être de ceux qui les remplaceront dans
le cabinet suivant. Donc, M. Z... s'est donné
la peine de venir trouver M. l'inspecteur
d'Académie à son bureau. L'honneur est considérable! M. l'inspecteur le sait bien. Aussi
se confond-il en salutations déférentes. Il
sourit, M. l'inspecteur ; il sourit, mais, au
fond, il est anxieux. Quelles nominations
extraordinaires vient-on lui demander? De
quelles difficultés imprévues ne va-t-on pas

encore empêtrer ce diable de mouvement qui lui vaut déjà tant de mal?... M. Z..., qui n'aime pas à perdre son temps, a vite fait de le renseigner. Lui tendant un papier plié :

« Veuillez lire, mon cher inspecteur ! » fait-il d'une voix calme.

L'autre prend le papier, le déplie fébrile-ment. D'un coup d'œil il le parcourt : des noms, des noms, encore des noms ! D'abord, il n'en veut pas croire ses yeux. Mais il a beau lire et relire, il est bien obligé de se rendre à l'évidence : ce papier, qu'avec une aisance parfaite lui a remis M. Z..., c'est son mouvement au complet, pas celui auquel il travaillait tout à l'heure, vous pensez bien, ah ! certes non, mais celui qui convient au « grand homme » du pays, lequel enfin rompt le silence :

« Vous le signerez aujourd'hui, n'est-ce pas, mon cher inspecteur? Je tiens, pour des raisons particulières, à ce qu'il soit rendu public dès demain. »

Le haut fonctionnaire pâlit ! L'expérience lui a appris jusqu'à quelles condescendances il est contraint, lui comme tant d'autres, de s'abaisser. Cependant, ce qu'on lui demande là, c'est trop, beaucoup trop!... Mais s'il refuse, à quoi ne s'expose-t-il pas ? Sa carrière compromise, peut-être même son pain perdu, le pain de sa femme, de ses enfants... Sans doute, il a bien lui-même quelques relations dans le Parlement; par malheur, les gens qu'il y connaît sont d'une région éloignée; or, chaque département est mieux défendu contre les intrus que ne l'est une chasse gardée contre les giboyeurs d'occasion : autant de chefs-lieux, autant de camps retranchés où règnent en maîtres les nouveaux seigneurs. Aucun secours à attendre, ni aucune pitié. L'homme qui est en face de lui est puissant; de plus, aveuglé par son ambition, il est impitoyable. M. l'inspecteur pressent que s'il lui résiste, il sera brisé comme verre, c'est certain. Tant pis! le sentiment de sa dignité l'emporte sur le souci de sa sécurité. Mais, en faisant connaître sa résolution à son interlocuteur impatient, il a des larmes dans la gorge :

« Je ne peux pas, monsieur le député, je ne peux pas! C'est impossible. Les intérêts de mes subordonnés, mon devoir, mon honneur professionnel, tout me le défend. Que s'il s'agit de certaines nominations auxquelles vous teniez absolument, eh bien, je les accepte sans discuter. Mais me contenter de contresigner le mouvement que vous m'apportez pour tout le département, ah! ça, non, je ne le puis. Je vous en prie, monsieur le député, réfléchissez à un pareil acte, réfléchissez-y bien, et, j'en suis sûr, vous n'insisterez pas. »

On n'insista pas. On se leva, on partit, sans un reproche, sans une menace : tout juste, au salut, un regard de mépris. Le malheureux fonctionnaire ne s'y trompa pas. Huit jours après — ah! la lenteur administrative n'est pas faite pour toutes les décisions ministérielles — huit jours après il était envoyé en disgrâce à six cents kilomètres de là, dans un trou. Le premier soin de son successeur était de parapher, en haussant les épaules, le mouvement dressé par M. Z..., ami des ministres, futur ministre lui-même, parait-il.

« On ne peut pas régner innocemment »,
écrivait Saint-Just en tête de son *Essai de
Constitution*. Ne pensez-vous pas que cette
maxime si décourageante serait d'occurrence
quelque peu applicable à nos roitelets d'arrondissement ?

J'ai entendu répéter un mot frappant de
Gambetta, prononcé par lui au lendemain de
la démission du maréchal : « Maintenant,
il n'y a plus que deux choses qui puissent
mettre en péril notre établissement républicain : une guerre continentale et la suppression du budget des Cultes. » Cette parole,
en 1879, avait une force singulière. Je crois
bien qu'elle la garde tout entière quant à la
première des deux choses. Pour la seconde,
il conviendrait de l'examiner en étudiant sur
place les effets directs des diverses lois sur
la Séparation. Mais puisque à propos d'Arthur
Ranc on parle beaucoup ces jours-ci du célèbre tribun, permettez-moi de rappeler qu'il
envisageait pour la République dans l'avenir
d'autres dangers, et — parmi les plus graves

— l'avilissement de l'administration de l'État.

L'organisateur de la République disait que lorsqu'on touche aux prérogatives de l'administration, c'est la maison qu'on ruine et qu'on détruit. Il considérait avec raison que l'administration est l'intendant de la démocratie, sous la direction responsable du pouvoir central contrôlé par les Chambres; comme telle, elle doit être forte et disciplinée, libre et indépendante. On aurait tort de voir une contradiction entre ces deux propositions; elles s'expliquent parfaitement : administration fermement disciplinée sous l'action du gouvernement, dignement indépendante vis-à-vis des partis.

Indépendance et discipline, voilà pour les fonctionnaires actuels de belles chimères ! Disciplinés, comment le pourraient-ils être, et envers qui ? Là où il n'y a pas de chefs, les soldats se débandent. Quand le pouvoir central n'est plus qu'une fiction nominale, les pouvoirs administratifs s'effritent. Indépendants ? Mais depuis des années et des années, ceux qui devraient être les premiers

à leur donner l'exemple de la fermeté, les
membres du gouvernement eux-mêmes, ne
peuvent plus l'être à l'égard du Parlement !
Comment un fonctionnaire de province,
ayant sous les yeux des disgrâces imméritées,
ne sacrifierait-il pas sa dignité pour sauver
sa place, quand il voit des ministres compromettre le patrimoine national, abdiquer
les droits de l'État, c'est-à-dire les droits du
pays, pour conserver leur portefeuille ? Une
poule peut couver des œufs de canard, —
elle n'en fait pas.

Qu'elle soit césarienne ou parlementaire,
l'usurpation engendre l'oppression. Au régime en honneur, les fonctionnaires perdent
leur indépendance, — nous, nos garanties.
Ils savent, et pour cause, que les plus solides leviers du jour sont le favoritisme et
l'arbitraire. Qu'irions-nous invoquer le sentiment du devoir et les droits ? Les hommes
dont ils dépendent ne réclament d'eux que
des complaisances : se cabrer, c'est se sui-
cider. Aussi, nos réclamations, nos protestations, nos indignations, si nous ne sommes

4

que de bons contribuables payant régulièrement l'impôt et n'ayant dans la manche
pas le moindre petit élu, ah! ils s'en rient,
je vous prie de le croire. Bienheureux encore
lorsque votre indifférence dans des rivalités
soi-disant politiques ne nous est pas comptée
à crime! Ils y prennent, eux, une telle ardeur, ques'ils l'osaient, ils nous harcèleraient,
ils nous piqueraient tel le bouvier son bé-
tail.

Nous ne les en plaignons pas moins. Ce
sont des victimes. On leur a enseigné que,
quoi qu'en ait dit Sully, c'est l'État qui est
la grande mamelle de la France, toujours
gonflée, toujours inépuisable. Ils se sont
jetés sur le lait généreux avidement. Ils ne
s'appartiennent plus : les malheureux ne sont
pas plus maîtres d'oublier la saveur de ce
breuvage que lady Macbeth d'effacer de ses
mains les taches de sang même avec l'eau de
la mer. Alors on leur dit qu'il leur sera permis de s'en nourrir jusqu'à la mort, mais à
des conditions souvent humiliantes : plus leur
appétit grossira, plus l'humiliation grandira.

Leur destinée les condamne à courber la tête. N'est-ce pas étrange ? Des empires ont péri, des révolutions ont passé, tout s'est transformé : gouvernements, lois, mœurs. Seul, le fonctionnarisme demeure immuablement l'esclave de lui-même et d'autrui.

Vous vous souvenez de l'amusante distinction qu'en un jour de dialectique subtile, et c'était souvent son cas, Jules Simon établissait parmi les fonctionnaires. Entre eux il distinguait les *campés* et les *arrivés*, ceux-ci fruits naturels de la hiérarchie, ceux-là produits instantanés des commotions gouvernementales ou ministérielles. Il n'oubliait qu'une chose, c'est que les arrivés du lendemain sont les campés de la veille. Quoi qu'il en soit, nous ne savons pas si les fonctionnaires de notre département sont des campés ou des arrivés, et en fin decompte. peu nous importe, car le résultat pour nous est le même : nous payons toujours. En revanche, ce que nous savons bien, c'est que ces messieurs, sauf quelques exceptions, n'ont jamais été aussi complètement matés.

En 1847, M. de Morny, revenant d'un voyage en province, alla trouver le roi. Il lui dit combien l'état des esprits l'avait effrayé. Louis-Philippe traita les dangers signalés de chimériques, puis, pinçant familièrement l'oreille du député alarmiste :

« Soyez sans inquiétude, jeune homme, fit-il, la France est un pays qu'on mène avec des fonctionnaires publics. »

A voir comment on nous administre, il me paraît que cette conviction a survécu aux révolutions du 24 février et du 4 septembre.

Il est vrai qu'un pays peut écouter, et même craindre, son administration. Mais n'êtes-vous pas d'avis que si celle-ci prétend à diriger, elle doit d'abord se faire respecter ? Or, elle ne le peut pas si ses propres maîtres la méprisent et l'avilissent publiquement. Il ne lui reste qu'une ressource : étendre à ses administrés les mœurs corrompues où on la tient plongée.

QUATRIÈME LETTRE

SOUMISSION DES PRÉFETS AUX DÉPUTÉS

La situation des fonctionnaires est peu enviable. S'il arrive par hasard quelque bien à nos populations, la reconnaissance publique passant par-dessus leur tête se pose plus haut. Si elles ont sujet de se plaindre, leur mécontentement s'en prend d'abord à eux. Je ne puis voir un préfet ou un sous-préfet sans penser, épée et galons à part, au contre-maître d'un atelier. Celui-là, lorsqu'une grève éclate, est à peu près sûr de son affaire : même juste, il est généralement la première victime. Les ouvriers ont plus raison qu'ils ne croient de l'appeler le contre-coup. Soyons plus déférents, et disons que les préfets et les sous-préfets sont, pour le monde politique, des tampons. Leur fâcheuse posture a du moins l'avantage d'incliner à

4*

l'indulgence le spectateur qui les regarde faire.

Il faut rendre à l'administration française cette justice : la pensée qui la guide n'est point ésotérique. Ses actes dévoilent ingénument ses mobiles. Si des forcenés de respect ou de mystère s'entêtaient à leur attribuer un profond calcul, son langage viendrait vite les détromper. J'en donne un exemple.

Un de nos derniers préfets (nous en changeons assez souvent, comme la France jadis changeait de ministère tous les six mois : depuis un peu plus de trois ans, nous en sommes au quatrième), un de nos derniers préfets, dis-je, prononça à son arrivée dans le département un véritable discours-programme. Il nous fit sur l'esprit de justice qu'il comptait apporter dans l'exercice de ses fonctions de fort belles phrases nobles et touchantes. Comme son prédécesseur, brutal et maladroit, s'était conduit en sectaire de mauvais aloi, nous nous réjouissions de l'entendre tenir des propos conciliants et apaisants. Aussi l'applaudissions-nous ferme.

Alors, nous croyant gagnés, il lança sa péroraison. Aïe! quelle chute!... Longuement, doucement, gravement, il nous avait vanté les bienfaits d'une administration sage, neutre, impartiale. Sur quoi il conclut :

« Ah ! messieurs, dans cette grande démocratie de suffrage universel, où les lois garantissent que l'égalité des charges assure à tous les citoyens l'égalité des droits, il y a pour notre chère République un devoir auquel, désormais, elle ne faillira pas dans ce département : le devoir national de réserver la protection de son drapeau à ceux-là seuls qui la servent avec un dévouement ostensible! Non seulement, mes chers administrés, ces bons républicains me trouveront toujours à leur disposition, mon cabinet leur sera tous les jours largement ouvert, mais ils peuvent être assurés que je saurai faire récompenser leurs services par le gouvernement. Je le proclame hautement, ma devise est celle de nos grands chefs à tous : la République aux républicains... »

On ne pouvait signifier en termes plus

clairs, aux habitants du département de Z...,
que la préfecture ne connaîtrait personne
hors elle et ses amis. A eux ses bons offices,
ses sourires, ses agaceries, à eux ses faveurs,
ou plutôt *la faveur* — un mot qui a pris une
extension étrange, une extension si envahis-
sante qu'elle déborde jusqu'au Code civil et
au Code pénal. Quand je vis notre préfet
sortir enfin, après des secousses aguichantes,
son hameçon solidement appâté, je songeai à
ces jeunes mères attentives à leur tranquillité qui promettent des bonbons à leurs
enfants s'ils sont bien obéissants...

Un proverbe assez vulgaire dit que la
caque sent toujours le hareng. On ne doit
pas de parti-pris mépriser les proverbes : ils
ont sur la philosophie la plus transcendantale
cette supériorité de naître des contingences
immédiates. Les devoirs des préfets, leurs devoirs moraux et professionnels selon la théorie
enseignée dans de hautes écoles à des jeunes
gens qui, eux d'ailleurs, ne deviennent jamais préfets, le corps électoral les connaît
vaguement, par ouï-dire. Cependant, notre

député, quand il était dans l'opposition, nous fit sur ce sujet une conférence véhémente. Ce que le corps électoral, par contre, sait bien, et là-dessus il en remontrerait aux meilleurs professeurs de droit administratif, c'est d'où sortent les préfets qu'on lui envoie, parce qu'ils dégagent un parfum originel — le parfum parlementaire.

J'ai acheté, au kilo le tas, la bibliothèque d'un de nos sénateurs, qui, ayant longtemps poussé aux roues du char de l'État, se repose, fatigué du Parlement, en regardant, yeux mi-clos, le chariot étoilé : la vue des constellations assoupit ce brave homme. M'aidant de sa collection du *Journal officiel*, des annuaires de la Chambre et du Sénat, et surtout des annotations dont l'honorable les a soigneusement agrémentés (était-ce manie ou malignité?), j'ai composé un petit travail que je crois intéressant. Je me suis amusé à dresser un tableau des fonctionnaires de l'ordre politique apparentés aux sénateurs et aux députés. Hé! hé! ma liste, encore qu'elle ne soit qu'approximative (il y a des cousinages qui se dissimulent), ma liste est plutôt longue. Vous me permettrez de la garder pour moi. Aussi bien, veux-je simplement indiquer pourquoi les façons et les discours des hommes qui nous administrent sont ce qu'ils sont. Connaissant les origines de la plupart d'entre eux, nous nous étonnons de moins en moins de les voir faire cause commune avec les élus. Les liens de famille sont souvent plus marquants qu'une chaîne à boulets. Comment ferait-on autant miroiter à nos yeux les éclats de la faveur, si l'on n'en était soi-même le produit direct et continuel? C'est bien elle, me semble-t-il, qui nomme sous-préfets et préfets.

Il y a plusieurs classes de préfets, — il y a aussi plusieurs types. Les préfets du second Empire ont laissé une impression uniforme; on les dépeint élégants, galants, de tournure cavalière, la moustache bien cirée, casseurs plus que cassants, énergiques à la fois et séducteurs : la chronique prétend qu'ils vous enlevaient une conquête comme un plébiscite. Ces mœurs ont disparu des préfectures : bourgeois moroses et frondeurs que nous sommes, nous ne le supporterions plus. Seulement, si vous nous demandiez par quoi on les a remplacées, nous serions bien empêchés de vous répondre. Nous n'en savons rien! S'est-on même soucié de les remplacer? Tenez! nous avons vu défiler au chef-lieu au moins un escadron de préfets; eh bien, nous serions incapables de les caractériser par une formule, un trait quelconque. Je me trompe. Tous, dès leur installation, manifestaient un même désir : celui de nous quitter.

« C'était plus fort qu'eux! » disait l'huissier de la préfecture. Paris, toujours Paris! Ils ne soupiraient qu'après la capitale, — et ce qui s'y fait. Il y en eut un, notamment, sur qui jamais l'on ne pouvait mettre la main. En voilà un qui déléguait volontiers sa signature au secrétaire général! Ah! il n'avait pas l'amour-propre du paraphe, — comme d'aucuns que je sais. Sa mère, sa femme, ses enfants, tout son petit monde

vivait à Paris ; aussi allait-il lui tenir compagnie le plus souvent possible. Un dimanche
après-midi, je revenais par le train de visiter, à la limite du département, une coupe
de bois. A une station bruyante et pavoisée,
un voyageur monta dans mon compartiment :
c'était M. le préfet, en grande tenue. Par la
portière, durant l'arrêt, il s'excusait, donnait
des poignées de main, souriait, saluait. Dès
que le train se remit en marche, M. le préfet
respira, puis, prestement, il se déboutonna,
se dévêtit — et je le vis m'apparaître en
chemise et en caleçon : « Vous permettez,
monsieur? fit-il alors, d'un air gracieux. —
Oh! puisque vous y êtes, monsieur le préfet,
ne vous gênez pas! » Tranquillement, d'une
mince valise que je n'avais pas vue, il tira
une casquette de voyage, des vêtements ordinaires, s'habilla, enferma sa défroque ;
et ayant allumé un cigare (délicieusement
parfumé, ma foi), il me dit, dans un sourire épanoui : « Comme cela, monsieur, j'ai
le temps de prendre la correspondance du
rapide de Paris. » Le lendemain, la gazette

locale m'apprit qu'il avait quitté au café le banquet d'un comice agricole important, se disant indisposé.

Je ne sais plus qui, à propos d'un défenseur du trône un peu nerveux envers Rome, formula la pittoresque maxime que voici : « Quand on est catholique, on doit courber son esprit comme un chameau qui s'agenouille pour qu'on monte dessus. » Tels qu'on nous les façonne, avec les nouvelles mœurs parlementaires, les préfets pourraient s'appliquer cette règle, jusqu'à la bosse inclusivement. En effet, l'observation nous convainc qu'un préfet n'a pas, ne doit pas avoir d'opinions personnelles : il est, il doit être gouvernemental. Par exemple, nous avons eu à la tête du département, il y a dix ans, un administrateur dont les goûts aristocratiques ne se satisfaisaient que dans la société des ralliés : un lustre passé, il ne se plaisait, à l'autre bout de la France, qu'à se frotter aux tribuns socialistes. Un autre, pas trop loin de chez nous, assurait sa police des rues avec l'aide des poings anarchistes : on nous l'en-

voie, et sa haine des révolutionnaires devient
si grande qu'il fait inscrire les socialistes indépendants eux-mêmes sur *l'état vert*. (De
même que *l'état blanc* est dans certaines préfectures le dossier réservé aux espions, ainsi
l'état vert est celui où sont numérotés les
anarchistes à surveiller.)

Dans la plupart des départements, c'est le
secrétaire général qui assume toute la peine
du travail administratif. Quant à l'action personnelle du préfet, elle se limite le plus souvent aux deux termes : politique et police,
lesquels parfois, selon le gouvernement en
fonctions, n'en font qu'un. D'ailleurs, on ne
fait pas d'administration, on expédie les
affaires. Expédier ! le mot est impropre...
mettons qu'à la longue on finit par les liqui-
der. Encore, ici, n'avons-nous pas trop à
nous plaindre, grâce à notre secrétaire général. Nous ne le voyons pas beaucoup; au
reste, il est taciturne, mystérieux. Son préfet lui-même ignore ce qu'il pense. Mais nous
le savons appliqué et ponctuel. Il travaille
avec la régularité des résignés, car il occupe

le même poste depuis une douzaine d'années ; et comme il se tient étranger aux intrigues, il doit commencer à se dire qu'il n'a pas l'étoffe d'un chef. Il a vu passer tant de hauts fonctionnaires qu'à se rappeler ceux dont l'avancement fut rapide, il sait quelles sont les qualités requises de ce que l'on appelle un bon préfet : ce ne sont pas les siennes.

Entre tous les administrateurs dont on nous gratifia, je garde le souvenir d'un préfet que la mort nous enleva. Celui-là détonait : il faisait de l'administration, et proprement. Bien élevé, correct, loyal, discipliné envers le pouvoir central, mais sans bassesse, il possédait notre estime. Un accident stupide le tua. Avec son caractère droit, son respect des lois, nous l'aurait-on laissé longtemps? Serait-il allé bien loin? Le fait suivant nous prouva qu'il manquait pour cela de l'indispensable : un protecteur. C'est un témoin absolument digne de foi qui m'a rapporté l'incident que je vais relater. Lisez :

A la place Beauvau, un matin, de nom-

breuses personnes attendaient dans l'anti-
chambre du secrétaire général de l'Intérieur.
Mais le temps passait et personne n'était
reçu. Dix heures, onze heures, midi — toujours pas d'appelé. Lassés, grommelant, les
uns après les autres s'en allaient. Trois personnes seules s'obstinaient : deux messieurs
et une dame en grand deuil. Midi, midi et
demi, une heure... Enfin, la porte s'ouvre et
l'huissier prononce : « M. le secrétaire général
ne recevra pas aujourd'hui... » L'un des deux
messieurs se lève furieux : « Comment ! il
m'a télégraphié hier de venir d'urgence le
voir ce matin ; je suis accouru de ma préfecture, et il ne me reçoit pas... » Au même
instant, dans le fond du salon, éclataient des
sanglots douloureux, de ces sanglots de femme
qui sortent des entrailles et qui vous font pâlir.

Ému, secoué, le fonctionnaire oublie son
propre mécompte, se précipite : « Qu'y a-t-il?
Madame, qu'avez-vous? Qu'est-ce?... » La
dame en grand deuil, les joues ruisselantes
de larmes, dit qui elle est : la veuve du préfet
de Z... Il l'a laissée sans fortune — avec deux

enfants. Depuis un an qu'il est mort, le ministère n'a tenu aucune des promesses faites après son décès, elle ne voit rien venir, ni retraite, ni pension, ni secours. Ses petites économies mangées, ses quelques bijoux vendus, elle a dépensé ses derniers sous pour venir à Paris supplier qu'on ne l'oublie pas plus longtemps. Depuis huit jours, elle est dans un modeste hôtel avec ses enfants; depuis huit jours, chaque matin, elle vient au ministère, et, chaque matin, M. le secrétaire général, qui connaît cependant sa situation désespérée, la renvoie au lendemain. Aujourd'hui, elle est à bout : elle n'a plus rien, rien, rien...

Révolté, le préfet qui l'écoute se souvient qu'il est lui-même marié, père de famille. Il a une vision sinistre. La colère le prend. Il intime à l'huissier l'ordre d'aller dire au secrétaire général que, s'il ne reçoit pas à l'instant la veuve de son ancien collègue, il fera, lui, son subordonné, du scandale : une minute après, M. le secrétaire général daignait recevoir Mme X.

Je ne connais pas le préfet qui a eu le courage — ça pouvait lui coûter cher! — d'accomplir cette bonne action. Si jamais je le
rencontre, je le saluerai respectueusement.

Croyez-moi, messieurs les préfets, nous
vous jugeons sans sévérité : nous ne vous
envions pas, nous vous plaignons.

CINQUIÈME LETTRE

L'ASSOCIATION DES FONCTIONNAIRES ET DES PARLEMENTAIRES EST PERNICIEUSE A L'INTÉRÊT PUBLIC

Tout récemment, un mécanicien ayant abandonné sa locomotive en cours de route, voyageurs et train restèrent en panne. On imagine les imprécations proférées contre la compagnie maîtresse responsable de la ligne où s'est produit l'incident. Un préfet qui, par calcul, complaisance, faiblesse, scepticisme, déserte l'exercice de ses fonctions, n'agit pas autrement que ce mécanicien. Le fait pourtant est assez fréquent. Vous en devinez facilement les conséquences matérielles et morales, bien qu'elles semblent échapper aux préoccupations trop personnelles des membres du Parlement. Ces parfaits honorables ne considèrent l'administration préfectorale qu'à l'égal d'une grue destinée à élever leur domination et à faciliter leur ascension de la Chambre au Sénat. Ne leur en déplaise, la question administrative est plus large, plus générale. Nous l'avons, nous autres, très à cœur. Vous ne pouvez en être surpris. Elle dépasse la vie politique — ou ce que l'on nomme ainsi; elle intéresse au premier chef la vie française — et celle-ci vaut bien celle-là.

La vie française, sur presque tous les points de son activité (l'adverbe presque est souvent une atténuation de bonne compagnie), dépend des institutions administratives. J'énonce là un fait indéniable, visible partout. Aucune éloquence officielle, si subtile ou vigoureuse soit-elle, ne saurait supprimer cette éclatante vérité : nous sommes entièrement dans les mains de l'administration. S'il n'en était pas ainsi, aurions-nous à nous plaindre de ce que j'appelai l'autre jour la contre-administration? Nous en ririons — au lieu d'être près d'en pleurer. L'une n'est que le champignon de l'autre. Sans doute, nous n'en sommes plus au second Empire. Mais franchement, entre nous, sommes-nous moins

gênés, moins surveillés, moins tracassés?
Je n'ose pas écrire : moins ligotés?

Je laisse de côté, à dessein, les libertés de
principe introduites dans le Code depuis
trente ans. Ce que je vois me démontre
qu'entre l'inscription d'une liberté sur les
tables de la loi et les modalités de son application, il y a une marge. Elle est assez
large pour contenir toutes les observations de
fait, tantôt piquantes, tantôt révoltantes,
qui formeraient autant de procès-verbaux
accusateurs. La République a le droit de dé-
cliner la responsabilité des méfaits qui se
commettent à l'ombre de son pavillon. Elle
peut prétendre avec raison qu'ils ne sont
pas imputables aux institutions, mais aux
hommes. Nous qui portons son image em-
preinte dans le cœur depuis notre enfance,
nous en avons la conviction, et c'est bien
pour cela que nous restons républicains, des
républicains attristés, parbleu! mais des républicains quand même.

Je ne vous cache pas toutefois que notre
front s'assombrit de plus en plus, malgré notre

fidélité à la démocratie. Nous savons par l'histoire ce qu'il en coûte d'accumuler les erreurs et les fautes pour s'en remettre ensuite à la garde d'une « sentinelle invisible ». Il y a des jours où nous sommes pris de crainte, de méfiance. Nous voudrions qu'à Paris l'on se décidât enfin à ouvrir les yeux. Si l'on tardait, nous finirions par crier à nos représentants : « Cessez donc, au Luxembourg et au Palais-Bourbon, de vous admirer le nombril, daignez un peu regarder et écouter la France. Si vous ne la sentez pas bouger, du moins pouvez-vous l'entendre. Elle murmure. »

Les lois nouvelles, on le sait, sont interprétées généralement en des instructions ministérielles, qui le plus souvent les dénaturent : elles en sortent atténuées ou aggravées. Le fameux arsenal des lois se complique ainsi d'une multitude d'explication tendancieuses, de règlements administratifs dont le moindre peut créer d'abominables ennuis à qui les enfreint même bénévolement. Que l'initiative en remonte aux ministres, aux

préfets, aux maires, — la tyrannie administrative a sa hiérarchie, — ces règlements aujourd'hui touchent à tout : ils aident à nous
serrer le cou. Une bêtise provoque un afflux
d'enquêtes et de difficultés, quand elle n'aboutit pas à des poursuites où les haines privées,
s'appuyant sur la politique de clocher, s'as-
souvissent à cœur joie. Des guerres de village sont allumées autant par le déplacement
d'une borne que par l'application malfaisante
d'un règlement sournois. Le pouvoir central,
quoiqu'il siège à cent lieues de nous, les
avive en disant son mot, car il le dit d'une
certaine façon, selon qu'il se trouve en présence de blancs ou de bleus, de roses ou de
rouges. Là comme en trop de choses, ce n'est
pas le bon sens ni l'équité qui décide, c'est
un nombre : celui des électeurs qu'il importe
de ménager dans l'intérêt du député. N'in-
voquez pas l'esprit de justice : on le noie au
fond de l'urne.

Longtemps on nous parla de la décentralisation comme d'un remède à nos maux. Il
est vrai qu'elle figurait dans le programme

des fondateurs de la République. Mais elle y
est restée. Des conférenciers de temps en
temps l'en tirent et nous la vantent. Jusqu'ici
nous les écoutions avec intérêt. Le dernier
venu fut si éloquent qu'un de nos jeunes
gens, prenant la parole après lui, s'engagea
à répandre l'idée dans la région. Aussitôt le
conférencier d'inviter cet enthousiaste néophyte à s'inscrire parmi les adhérents au
comité central. Nous, surpris, de demander
de quel comité il s'agissait : « Mais, répondit-
on gravement, du comité qui centralise à
Paris les comités de décentralisation des départements! »

Nous ne croyons plus à cette panacée. De
même qu'un roi n'abdique sa couronne que
contraint et forcé, de même un Parlement ne
renonce point dans l'intérêt public à des traditions qui étendent sa toute-puissance sur
le pays comme un filet sous lequel il tient
ses mandants emprisonnés. Des députés et
des ministres s'allégeant de prérogatives cor-
ruptrices, sans quoi peut-être ils perdraient,
les premiers leurs électeurs, les seconds leur

majorité, je ne vois pas cela de nos jours.
Aussi bien faut-il se connaître soi-même et
avouer ses propres torts. Se trouvât-il une
Assemblée capable de nous donner la décentralisation, saurions-nous apprécier son ca-
deau, en profiter intelligemment? Je n'ose
plus l'espérer.

Les mœurs publiques actuelles s'adapte-
raient mal à une tentative de ce genre : les
politiciens les ont faites trop molles, trop
dissolues. En quelques endroits, soit par déception, soit par réaction, — l'une n'est souvent que la suite de l'autre, — décentralisation dégénérerait vite en rébellion, si ce n'est
en dissociation. En beaucoup d'autres, elle
produirait confusion, anarchie — autre genre
de tyrannie. En vérité ce n'est pas à la légère
que la Révolution unifia les provinces françaises sous la terrible centralisation sur laquelle Napoléon Iᵉʳ n'eut qu'à imprimer
l'épaisse patine impériale. Un grand pays ne
peut être décentralisé s'il n'est d'abord sain
et bien portant. Quand la notion du juste est
méprisée, quand l'idée de droit et d'équité

6

est pervertie, quand le principe d'autorité
n'existe plus, quand, en bas et en haut, les
premiers intérêts sociaux sont bafoués, les
esprits désordonnés, les appétits déchaînés,
ce n'est pas le moment d'imiter l'homme qui
se jette à la rivière pour n'être pas mouillé
par la pluie.

Je ne voudrais pas recourir au style imagé
de ce bon Floquet, qui croyait accabler le
général Boulanger sous le « manteau troué
de la dictature ». Je ne puis cependant m'empêcher de penser qu'en fait de trous le manteau de l'autorité ne le céderait en rien à
celui-là : s'il pesait plus lourd, l'avantage en
reviendrait au poids de ses taches. Fort heureusement, lorsqu'on s'y prend à temps, tout
cela peut se laver et se racommoder. Floquet
lui-même, malgré l'impeccabilité de ses gilets
à la Robespierre, eût convenu qu'il vaut
mieux subir une reprise faite à son heure
plutôt que de s'exposer à la dure nécessité
de coudre les lambeaux d'un manteau aux
lambeaux d'un autre: il est des arlequinades
trop disparates.

Il peut sembler illogique de dénoncer l'ingérence administrative dans la vie des citoyens alors que l'on déplore ensuite l'abatte-
ment de l'autorité et que l'on réclame sa
restauration. C'est là une contradiction purement apparente: elle ne fait que mieux découvrir la lèpre qui nous rongerait jusqu'à
l'os si nous n'y portions bravement le fer
rouge. Républicains de conviction ou de spé-
culation, nous ne nous entendons ni sur la
nature des sentiments, ni sur la portée des
idées, ni sur le sens des mots. Administration, représentation, autorité, cela maintenant paraît signifier embrigadement, com-
pression, exaction. Est-ce l'administration,
et je dis depuis le garde champêtre jusqu'au
ministre, qui est faite pour les contribuables,
ou sont-ce les contribuables qui sont faits
pour l'administration? Vous vous moqueriez
de moi si, ouvrant les yeux, j'avais la naïveté de soutenir la première de ces deux propositions. Quand on réfléchit à la perversion
stupéfiante des principes fondamentaux du
régime, il y aurait, si l'on n'était sage, de

quoi se mettre en colère et se demander si
nos pères ont fait la République pour que...
pour que nous voyions ce que nous voyons.

Un véritable homme d'État, — j'entends
par là un homme qui pensait à la France
plus qu'à sa coterie, — déclarait que les
peuples et les partis se donnent à ceux qui
font bien leurs affaires, et non à ceux qui
leur obéissent. Nous voudrions que les députés et leurs parents des préfectures s'effor-
çassent de comprendre ces paroles. Certainement, dans leur propre intérêt, ils adop-
teraient alors une conduite différente. Chacun
revenant au rôle qui lui est imparti, tous y
gagneraient en dignité, en force avouable,
et nous, ô jour heureux ! en tranquillité.
Encore une fois, chacun à sa place. Que le
député fasse des lois puisque c'est son métier, et que le préfet les applique puisque
c'est le sien ! Que le premier contrôle, parfait ! Mais que le second administre et ne se
domestique pas aux ordres de la première
écharpe venue ! Voilà bien la réforme à réaliser d'urgence. Elle sera gênante pour cer-

tains partis rivaux. Il faudra quand même
qu'ils y viennent : nous les y forcerons. Nous
sommes trop effrayés de voir les ravages cau-
sés par l'égoïsme politique régnant. Il crée
deux France entre lesquelles s'élargit le fossé :
celle qui vote *bien*, au gré des maîtres de
l'heure, — et l'autre. Ne serait-il pas plus
glorieux pour nos représentants de nous rap-
procher par une administration impartiale
que de nous pousser à un antagonisme exas-
pérant par des pratiques viles où la République, je le dis à son honneur, n'a rien à
voir — mais tout à perdre ?

Quand nous demandons autre chose que
ce qui se fait, ne croyez pas que nous soyons
bien exigeants. Tenez, qu'on nous donne
seulement une administration honorable et
équitable. Ce ne serait pas très difficile : il
suffirait de la choisir et de la diriger d'après
les vrais principes de gouvernement. Au lieu
de cela, on prend l'habitude de placer à
notre tête une administration purement électorale. Comment ferait-elle nos affaires ? Celles
des politiciens l'absorbent. Ce n'est pas sur

6*

nos sentiments, nos aspirations, nos inquiétudes, qu'elle renseigne le pouvoir central,
c'est sur la situation locale des parlementaires et les meilleurs moyens — vous entendez lesquels — de la renforcer ou de la
diminuer selon qu'ils sont ministériels ou
antiministériels. Nous sommes administrés
par des agents électoraux. Je vous laisse à
penser à quels assauts, à quels viols est ex-
posée dans ces conditions la pureté du suffrage universel.

SIXIÈME LETTRE

L'ÉGOÏSME DES POLITICIENS ENGENDRE LA DISSO-
LUTION DES MŒURS POLITIQUES

Au vieux lycée où j'ai grandi loin de Paris,
j'avais pour professeur d'histoire un univer-
sitaire enthousiaste dont on m'avait dit :
« C'est un ami de Gambetta. » Être l'ami du
magnifique tribun qui enflammait la France
républicaine et qui venait superbement de
défier le maréchal, pour une jeune imagination quel titre de gloire ! Mon professeur
m'imposait ; j'écoutais ses leçons passionnément. Je dois à cette circonstance, avec les
quelques notions d'histoire que je puis pos-
séder, de savoir ce que signifie l'expression
(car la chose a disparu à peu près) : l'esprit
civique. Sur les principes fondamentaux de
la démocratie, sur l'institution du suffrage
universel, — il élargissait volontiers le programme du cours, — son enseignement, il-

lustré par l'exemple des hommes de 89 et
de 48, était d'une chaleur communicative.
Par contre, en quels termes de mépris il nous
parlait de la corruption électorale qui provoqua les banquets réformistes à la veille de
la révolution de Février!

Je crois l'entendre encore déclamer le discours accusateur d'un célèbre orateur du
Château-Rouge : « J'ai vu l'esprit politique
s'éteindre dans la plupart des collèges électoraux et faire place à l'esprit de calcul et
de trafic. J'ai vu une foule d'électeurs examiner, rechercher non plus quelle est l'opinion de leur député sur les affaires publiques,
mais quels services personnels il peut leur
rendre. J'ai vu... » Et son éloquente citation
terminée, de nous assurer que la corruption
du pays, inévitable sous le suffrage restreint,
devenait impossible avec le suffrage universel.

Mon ancien professeur, s'il vivait encore,
constaterait avec tristesse que ce que nous
voyons se rapproche singulièrement de ce
que Duvergier de Hauranne avait vu. Les

vertus du suffrage universel, pourtant nous
y avons tous cru sincèrement, je l'affirme,
et quand je dis tous, je parle des hommes
d'aujourd'hui qui furent élevés dans la pure
tradition républicaine. Ce fut peut-être naïveté de leur part, je l'admets un instant, mais
j'ajoute tout de suite que la naïveté découlait
moins de leur fidélité aux principes que de
leur confiance dans les hommes. C'est le
grand tort des partis qui s'installent au gouvernement d'un pays : ils gardent les yeux
obstinément fixés sur leurs adversaires de doctrine, tandis qu'à bras ouverts ils accueillent
les pires ennemis : les profiteurs, ces ron-
geurs qui s'insinuent dans tous les partis
victorieux pour les vriller et les vider. Ils ar-
boreront le bonnet phrygien aujourd'hui, la
carmagnole demain, et s'ils parvenaient jamais à épuiser la République, vous les ver-
riez se pavaner en habit de cour, intriguant
après l'honneur de porter dans le dos la clef
de chambellan. Pour l'instant, les profiteurs
sont courtisans du peuple.

Si la conquête du suffrage universel ne

paraît maintenant qu'une course à la timbale,
si trop de gagnants y font figure de trafi-
quants, c'est principalement depuis le jour
où, au Palais-Bourbon, retentit le cri : « Place
aux jeunes ! » Dans nos petites villes on comprit fort bien que cela voulait dire : place
aux appétits ! A ce cri de ralliement nos jeunes
gens hennirent, fringale éveillée. Nous en
vîmes partir pour la Chambre s'intitulant qui
progressiste, qui radical, qui socialiste, tout
ça au petit bonheur, mais le but était le
même — et vous savez lequel. Une étiquette
ne gêne pas lorsqu'on sait l'accommoder aux
circonstances. On se baptise carpe, et le tour
est joué : on est député, on est ministre, et
si un survivant des temps héroïques s'indigne ou se désole, on lui ferme la bouche
d'un dédaigneux « : Vieille barbe ! » Si de pa-
reilles mœurs devaient s'enraciner, ce ne serait point là, j'en conviens, une jolie République : ce n'est pas l'athénienne, encore
moins la spartiate — et ce n'est pas non plus
la nôtre, je veux dire celle que nous rêvons.

Quand la Chambre des députés, sous le

flot croissant des scandales, fut contrainte
d'étudier la répression des fraudes électo-
rales, quand elle se résigna à adopter péni-
blement la proposition relative au secret du
vote, il se manifesta sur ses bancs une sourde
hostilité contre ces tentatives de moralisation
du suffrage universel. Nous n'en fûmes point
surpris. Le parti républicain... (non! le parti
n'est répréhensible ici que pour sa trop
longue tolérance)... de soi-disant républicains, maquillés de la nuance la plus tendre
à la plus écarlate, ont fait leurs toutes les
manœuvres de flibusterie reprochées aux
partis réactionnaires d'autrefois. N'est-ce pas
un membre de la majorité qui, en juin dernier, proclamait à la tribune du Palais-Bourbon que laisser les choses comme elles sont,
ce serait maintenir le suffrage universel
« sous le régime de toutes les fraudes »?

Ces fraudes sont de nature si multiple qu'à
les cataloguer on composerait un pittoresque
manuel du parfait fraudeur en matière électorale. Devenues de pratique courante, les plus
honnêtes citoyens n'osent plus s'en indigner,

de peur de passer pour des imbéciles. Depuis le maire qui dépose dignement dans l'urne les petits paquets de bulletins bien serrés qu'en toute sécurité lui tend ouvertement chacun de ses complices, jusqu'au maire qui, avec une paille enduite de glu, en retire adroitement les bulletins contraires à lui-même ou à ses amis (cela s'appelle « aller à la pêche »), les fraudeurs impunis — j'en passe de plus cyniques — ne se comptent plus. On veut essayer de les atteindre. C'est bien. Ainsi fit Auguste, il y a deux mille ans, en édictant contre la corruption électorale la *lex de ambitu*. L'histoire ne prétend pas qu'il ait par là retardé de beaucoup la décadence du peuple romain. C'est qu'il est assez difficile de préserver un corps menacé de la gangrène en se contentant de lui mettre des poupées aux doigts.

Le suffrage universel ne peut être pratiqué loyalement que s'il correspond à une saine conception de la démocratie. Lorsque le gouvernement démocratique n'est qu'une apparence, le douteux reflet d'une Constitution respectée dans sa lettre mais violée dans son esprit, qu'il sert moins à poursuivre des idées générales fortifiées par les traditions nationales qu'à couvrir des calculs égoïstes, qu'il se rabaisse à n'être qu'un instrument de fortune usé tour à tour par les coteries rivales, — son principe initial absent, tous ses ressorts sont faussés.

La France, depuis 1789, a été ballottée entre le pouvoir autoritaire et le pouvoir révolutionnaire. Elle a pu subir l'un et l'autre sans aimer ni l'un ni l'autre. Du moins, sous les deux régimes, comprenait-elle de quelle doctrine majeure procédait la méthode gouvernementale qu'elle approuvait ou réprouvait. Mais si vous ne lui donnez franchement ni l'autoritarisme, ni le révolutionnarisme, et que toutefois vous prétendiez unir ces deux contraires pour créer un gouvernement empirique, comment respecterait-elle des principes dont, tout les premiers, vous lui inculquez le mépris? Par exemple, quand vous acceptez que la fonction de député ne soit plus qu'un métier à la merci, non pas

7

même du plus hypocrite ou du plus audacieux, mais d'avides imposteurs, vous n'avez
pas le droit de vous étonner que l'électeur,
ne considérant dès lors sa voix qu'à l'égal
d'une valeur marchande, vous la fasse payer
au prorata de vos ambitions. Entre lui et le
candidat intervient un marché. Quelque mé-
prisables qu'en soient les bases, il serait pra-
tiquement valable, s'il n'était préjudiciable
aux deux grandes personnes morales qui se
trouvent lésées, mystifiées, par des traités
contractés à leur détriment : la République
et la France.

Sous tous les gouvernements, dans tous les
pays soumis au suffrage restreint ou universel, il y a toujours eu des bourgs pourris.
On sait chez nous des circonscriptions où
l'argent n'a pas cessé d'être le grand électeur. Tel arrondissement très pauvre n'a
jamais eu pour représentants que des hommes
très riches, parce que les suffrages — le fait
est avéré — y oscillent publiquement entre
les pièces de vingt francs. Jusqu'à présent ce
n'étaient là que des tares isolées. Maintenant

la corruption se généralise, non sous l'unique forme monétaire (elle n'est pas à la portée de tous les ambitieux), mais sous toutes les espèces, car elle s'adapte aux passions, aux cupidités les plus diverses. Elle s'infiltre dans les mœurs actuelles, elle leur devient inhérente. Aussi peut-on dire que, quoique visible, elle se fait insaisissable : elle échappe aux lois.

Si le Corps législatif, au dire d'un républicain converti à l'impérialisme, représentait en 1867 moins les électeurs que les préfets, les maires, les gardes champêtres, les juges de paix, les percepteurs, notre Chambre, sans rien perdre de ce caractère administratif, représente moins les intérêts généraux que les intérêts privés. Une circonscription autrefois s'enorgueillissait d'être représentée par un député indépendant et capable de sermonner les ministres. Elle est bien plus fière aujourd'hui si son député jouit d'une influence reconnue sur les membres du gouvernement. Rien ne traduit mieux le présent état d'esprit des populations qu'un mot qui m'a été dit par l'un des électeurs d'un parlementaire mort cet été. Voulant me définir le crédit, la puissance dont le défunt disposait, cet homme prononça d'un ton orgueilleux : « Il commandait au président de la République! » Voilà une oraison funèbre qui prête à sourire, mais qui donne à réfléchir : elle exprime pleinement la mentalité du corps électoral.

La perversion de notre esprit public est-elle l'effet de causes morales ou de conditions constitutionnelles? J'incline à croire qu'elle est principalement la conséquence directe de la pernicieuse prédominance accaparée par les politiciens dans la société et du déséquilibre général qu'elle entraîne. Comme on les voit tout plier à leurs caprices ou à la garantie de leur situation personnelle, installer dans les fonctions publiques leurs créatures, la masse en conclut que le principe supérieur de la République est la protection. Ce n'est pas seulement chez les ouvriers des villes qu'une maxime aussi immorale a force de vérité. Le plus obtus de nos paysans est convaincu qu'on ne peut se faire rendre justice sans recom-

mandation. A plus forte raison perdriez-vous
votre temps à essayer de lui persuader que
le mérite seul suffit à se pousser. Vos paroles
rencontreraient moins de créance que le dicton qui court nos campagnes : Sans piston,
pas de flûte ! Le pis est qu'au lieu de ramener
la foule à une appréciation plus sensée des
choses, on s'ingénie à l'entretenir dans cette
opinion néfaste. Corrompre la raison et le
cœur facilite la direction des appétits. C'est
pourquoi les comités s'attachent moins à ras-
sembler les partisans déterminés d'une idée
qu'à recruter des clients intéressés au succès
d'une coterie qui leur promet avantages et
profits.

Les conséquences de cet état de choses
sont trop apparentes pour s'y appesantir.
Mille faits observés au hasard démontreraient
que nous courons à une dissolution complète
des mœurs politiques. Ce sont elles qu'il faut
réformer énergiquement si l'on veut empêcher
la dissolution des institutions. La faute capitale est de nous laisser entendre que les
principes ne sont plus rien et que les hommes

7*

— c'est-à-dire les députés — sont tout. Je ne
veux pas reprendre à mon compte ni géné-
raliser le fameux avertissement du bon naïf
Anacharsis Clootz : « France! méfie-toi des
individus ». Mais je pense que la République
agirait prudemment en les remettant à leur
place. On a dit, à propos de certains scandales, qu'il n'y aurait pas de corrompus sans
corrupteurs. Cette vérité de bon sens est
applicable aux électeurs et aux élus : ce sont
les manœuvres des seconds qui dépravent les
mœurs des premiers.

D'après censeurs ont écrit que les peuples
ont les gouvernements qu'ils méritent. Ne
serait-il pas plus juste de convenir que les
peuples ont la santé, la moralité que les gouvernements leur font ?

SEPTIÈME LETTRE

DU DANGER DES NOUVELLES MŒURS PARLEMENTAIRES

J'ai reçu la visite de « mon » député. Mon
député est candidat au Sénat, cette confortable maison de retraite désormais promise
aux parlementaires fourbus ou chenus du
radicalisme satisfait. Il venait me demander
s'il pourrait en janvier compter sur ma voix.
Je lui ai répondu que je n'aurai à voter ni
pour lui ni pour personne, attendu que cette
fois je ne figure pas sur la liste des délégués
dressée par le maire, dont les choix seront
purement ratifiés par le conseil municipal.

Notre maire trône à la mairie depuis
nombre d'années. C'est un vieux finaud qui
a su conserver son écharpe en changeant
d'opinions et d'amis au gré des vents. Voilà
des ans, il inaugurait avec éclat une Bourse
du travail ; à l'apéritif d'honneur, il était le
premier à crier, d'une voix forte : « Vive la

sociale ! » Dix mois passés, au nom de l'ordre
et de la loi, il fermait ladite Bourse avec brutalité : nos syndiqués avaient commis le crime
de discuter son administration. Son dieu du
jour est un ministre à qui il refusa publiquement sa porte au temps où cet homme politique éprouvait les amertumes de l'impopularité. S'il collectionnait les divinités qu'il a
adorées selon la bonne ou la mauvaise fortune des partis, il pourrait leur consacrer un
petit temple semblable à ces pagodes chi-
noises où se coudoient des bouddhas de gros-
seur et de couleur variées.

Comme l'âge maintenant le courbe et le
tasse, il estime l'heure venue d'obtenir la récompense de ses services. Il s'étonne même
que la République ne la lui ait pas encore
accordée. Ses services, c'est le port de l'écharpe.
Quand, après avoir lancé à son prédécesseur
un habile coup de Jarnac, il accepta d'être
maire, ne sacrifia-t-il pas son repos au bien
public ? C'est du dévouement, cela, et du plus
désintéressé ! Un pareil exemple de civisme
vaut bien, pour l'édification des populations,

une croix. Aussi n'est-ce point pour un parti ni pour une opinion qu'il votera et fera voter : c'est pour son ruban rouge. Il n'amènera au chef-lieu que des délégués dévoués à sa boutonnière ; voilà pourquoi, n'ayant pas les qualités requises pour l'emploi, je ne serai pas électeur au prochain collège sénatorial.

Les exigences du magistrat municipal contrarient mon député. Une bonne demi-douzaine de croix, sans parler des rubans multicolores auxquels aspire tout électeur zélé, en ces derniers mois il a tant promis ! Partout où il va, me confie-t-il, il ne rencontre que des quémandeurs, des marchandeurs, avec qui il lui faut discuter et ruser : « Je me fais l'effet d'un maquignon sur un champ de foire. » En pensant que d'ici à janvier les sollicitations ne cesseront de s'accumuler, il se désespère, la voix si lasse, le visage si assombri que je n'hésite pas à le questionner :

« Mais pourquoi voulez-vous quitter le Palais-Bourbon ? Vous êtes bien portant, encore jeune, vous occupez dans l'arrondis-

sement une situation prépondérante, vous ne
détestez pas l'influence qui s'attache au mandat législatif, vous possédez à la Chambre de
nombreuses sympathies qui vous assurent
pour toujours l'amitié des ministres — où
qu'on les prenne... D'où vous est venu ce
désir soudain — vous ne l'aviez pas il y a un
an — d'émigrer au Sénat ? »

Nous sommes, mon député et moi, de
vieilles connaissances. Pas souvent d'accord,
par exemple, surtout depuis le jour où il
approuva en séance publique une loi de circonstance qu'il blâmait en son privé, sous
prétexte que s'il eût voté selon sa conscience
il se fût aliéné ses électeurs. Néanmoins,
quand l'occasion s'en présente, il cause avec
moi assez librement. C'est ce qui est arrivé
l'autre jour, et ses propos m'ont révélé un
état d'esprit si symptomatique qu'il me paraît intéressant de les noter.

« Pourquoi je veux quitter la Chambre
pour le Sénat ? Le mot que vous avez em-
ployé, et qui n'est que trop juste, vous le dit
implicitement : j'émigre! L'histoire n'en-

seigne-t-elle pas que l'émigration est une précaution?

— Le plus souvent elle est une abdication, sinon une désertion.

— Oh! oh! nous voilà déjà aux gros mots!

— Aux vérités, pas davantage. L'acte que vous allez commettre, vous, député de la majorité, me rappelle des élections sénatoriales qui eurent des conséquences politiques très graves. Je veux parler du renouvellement triennal de janvier 1885. Alors la majorité gouvernementale au Luxembourg était très faible. Le parti républicain résolut de la renforcer, et en effet les monarchistes subirent une sérieuse défaite où sombrèrent notamment MM. de Broglie et de Fourtou. Les républicains gagnèrent trente sièges. Parmi les nouveaux élus figuraient deux hommes qui devaient conquérir plus tard une certaine notoriété : M. Loubet et M. Combes. Mais voici le point que je soumets à vos réflexions : vingt-huit députés passèrent au Sénat, qui étaient au Palais-

Bourbon parmi les plus fermes soutiens du
grand ministère Jules Ferry. On a prétendu
que leur départ avait commencé la dissolution de la majorité opportuniste et préparé la
confusion des partis.

— Cela est bel et bon, mais vous en parlez à votre aise! Pour émigrer, j'ai mes raisons personnelles; vous me permettrez de
les préférer à toutes vos considérations générales.

— Je devine. Vingt ans de suffrage universel vous ont fatigué. Les pacifiques jar-
dins du Luxembourg vous séduisent plus
aujourd'hui que les lauriers des violentes
campagnes où vous vous plaisiez autrefois.
Tircis, il faut penser à faire la retraite...

— Ne vous moquez pas. Descendre dans
l'arène tous les quatre ans, cela devient à la
longue fastidieux. Puis, si sûr soit-on de sa
réélection, on est toujours sur le qui-vive.
Enfin les sénateurs ont sur les députés l'avantage d'être moins sollicités. Ils ne sont pas,
comme nous, les esclaves des recommandations et d'une correspondance accablante.

Sur ce point, il est vrai, j'aurais tort de me plaindre, ayant simplifié les choses.

— Comment cela?

— Je vais dans les ministères depuis tant d'années que j'ai connu comme petits employés les actuels chefs ou sous-chefs de bureau. Une bonne camaraderie nous unissant, ils veulent bien aviser directement mes protégés de mes démarches en leur faveur. Autant de secrétaires dont les communications ont sur les miennes la supériorité de porter un cachet officiel. Ma correspondance est par là sérieusement allégée. Mais laissons cela! Ce qui m'attire vers le Sénat, c'est la douce quiétude qu'inspire un mandat dont la durée est de neuf ans.

— Ne deviez-vous pas, aux prochaines élections législatives, être tête de liste dans le département?

— Tête de liste! Auriez-vous la naïveté de croire que la Chambre actuelle supprimera le scrutin d'arrondissement? Tant de confiance dans son désintéressement me fait rire. »

8

Il se livra, en effet, aux éclats d'une bruyante gaieté. Quand il se fut calmé, je repris :

« La réforme parlementaire, dont il paraît qu'à Paris l'on se gausse, préoccupe de plus en plus les esprits en province. Peut-être, à l'écarter obstinément, la Chambre courrait-elle de grands risques. Voyons, de vous à moi, ne le pensez-vous pas?

— Je le pense tellement, cher ami, que je la quitte.

— Ah! Voilà donc le fin mot de votre émigration?

— Eh bien, oui, je vous l'avoue : j'ai de sérieuses inquiétudes. Vingt ans de parlementarisme ne m'ont pas aveuglé au point que je ne puisse discerner ce qui se prépare. Jadis, dans nos campagnes, j'ai triomphé du boulangisme et du nationalisme parce que la République était en cause et que je portais chez nous le drapeau. Heureux temps pour nous, ceux où le fantôme d'une dictature ou d'une restauration cléricale réunissait en un invincible faisceau toutes les forces de la dé-

mocratie française! Hélas! je ne vois pas
se dessiner le général factieux, ni le prince
audacieux dont nous pourrions demain nous
faire un bouclier.

— Contre qui ? »

Un geste évasif — cette question précise
n'obtint pas d'autre réponse. Mais mon interlocuteur étant lancé, je n'insistai pas.

« Aujourd'hui, la République n'est pas
en question, pas plus d'ailleurs, quoi qu'on
dise au pays pour lui donner le change, que
le parlementarisme. Ce n'est point au parlementarisme en soi que la France en veut, —
elle l'a dans le sang, — c'est à des mœurs
parlementaires qui l'énervent, qui la cor-
rompent : voilà l'un des caractères dangereux
de la crise que je redoute, et beaucoup de
mes collègues avec moi.

— Pourquoi, connaissant le mal, ne l'atta-
quez-vous pas ?

— Le pouvons-nous ? Nous entrons à la
Chambre le front haut, nous en sortons
l'oreille basse. Il semble qu'il règne au
Palais-Bourbon une atmosphère délétère qui

empoisonne le cœur et l'esprit. Il y a parmi nous des hommes de grand talent et de capacité éprouvée. Eh bien, que font-ils? Eux aussi, ils se taisent, ils se terrent. La peur des responsabilités les paralyse.

— A moins que ce ne soit, mon cher député, le dégoût de la lâcheté ambiante.

— Lâcheté! c'est bientôt dit. Vous-même, qui nous prêchez l'action, l'énergie, je voudrais vous y voir! Ignorez-vous que nous ne nous appartenons pas? Vraiment, quand vous dénoncez notre tyrannie, vous m'amusez. Puissants, nous autres? Des marionnettes et des jouets! Jouets des électeurs, jouets des comités, jouets des groupes, jouets des ministres, jouets de...

— De votre ambition, de votre vanité, de votre cupi...

— Nous sommes des hommes! comme vous tous, électeurs avachis qui nous sifflez par derrière et vous jettez à nos pieds quand nous passons.

— Patience! nous nous entraînons à vous siffler en face.

— Je le sais, et, carrément, je vous dis :
« Je ne vous tiendrai pas tête ». Oh! ne vous
méprenez pas. Contre un ennemi connu, un
parti défini, certes! je ferais front comme jadis. Mais contre un adversaire invisible, que
nous sentons se fortifier dans notre propre
armée, qui est d'autant plus redoutable qu'il
représente moins un homme qu'une idée,
moins une émotion passagère qu'un courant
politique, nous serons désarmés. Nous le serons
certainement, car la Chambre n'aura ni le
courage ni la sagesse de faire le nécessaire
pour se relever dans l'esprit public. Elle se
croira quitte avec la réforme parlementaire
en diminuant légèrement, à la dernière heure,
le nombre des députés. Pour le reste... tenez!
elle s'estimerait tout à fait réhabilitée si
quelqu'un lui trouvait une élégante manière
de briser le boulet qu'elle s'est attaché avec
l'augmentation de l'indemnité parlementaire.
Cependant la maison s'emplit de fumée; ne
voulant pas mourir asphyxié ni grillé, je
me sauve :

Guenille si l'on veut, ma guenille m'est chère ! »

8*

Mon député se leva, et me tendant la main :

« Vous verra-t-on au chef-lieu le jour des élections?

— A quoi bon? Si le préfet mène bien son affaire, pas de surprise possible. Ses candidats seront élus. Vous serez donc sénateur. »

Il sourit. Nous nous séparions, lorsque, en franchissant la porte, il se retourna :

« Il y tient absolument, à sa croix?

— Qui ça? le maire? Je vous répète que vous n'aurez ses voix qu'en la lui promettant formellement.

— Bah! une de plus, une de moins, autant la lui faire miroiter. Sa vieillesse et Dieu aidant, peut-être ne serai-je pas embarrassé pour tenir ma promesse... »

HUITIÈME LETTRE

POLITICIENS DE VILLAGE : LA TYRANNIE
DES MAIRES GOUVERNEMENTAUX

Tous les premiers magistrats municipaux
de France ne sont pas aussi hostiles à la fixité
dans les opinions et les amitiés politiques
que le maire dont, l'autre jour, j'ai esquissé
l'ingrate silhouette. Nous en comptons près
de quarante mille : il serait suprêmement
injuste de ne pas reconnaître qu'on en trou-
verait bien, dans chaque département, au
moins une cinquantaine de tout à fait dignes
et respectables dans l'exercice de leurs fonctions. Là, comme en toutes choses, c'est
l'exception qui confirme la règle. M'en tenant
à l'ensemble, car c'est l'esprit général du pays
qui nous intéresse, je suis obligé de constater
que la plupart des communes mènent la
vie qui est la nôtre par la faute de « Mon-

sieur le maire ». Deux mots la caractérisent et la dépeignent : arbitraire et tyrannie.

C'est, en politique, un singulier pays que notre douce France. Pays de perroquets sonores — et de badauds éternellement dupés. Nous faisons des révolutions à la casse-cou, prodiguant notre sang en des exaltations tragiques, étonnant l'univers par une audace à la fois farouche et admirable; puis, parce qu'on aura modifié ou simplement mis à l'envers le décor du théâtre où se jouent nos destinées, nous voilà enchantés. La pièce qui se déroule à nos yeux est la même que nous sifflions la veille. Pourtant nous l'applaudissons d'enthousiasme. Qu'y a-t-il donc de changé? Le titre et les acteurs. Je l'accorde. Mais est-il surprenant qu'à la longue nous nous fatiguions de ceux-ci comme de ceux-là, s'ils se contentent, sous des noms différents, d'ânonner et de rabâcher les mêmes choses? Nos dirigeants nous gorgent de belles paroles : que ne s'occupent-ils de corriger les mœurs — à commencer par les leurs !

Excusez ce moment de vivacité. Je n'ai pu m'empêcher d'y céder en réfléchissant au peu de différence qui distingue la vie campagnarde d'aujourd'hui et celle d'autrefois. Il n'est pas question, vous m'entendez, de la vie matérielle. Voilà beau temps, fort heureusement, que nos paysans n'ont plus aucune ressemblance avec les pitoyables animaux décrits par La Bruyère d'une plume ardente comme un tison. Je parle de la vie morale et de la vie publique. Ne remontons pas au delà d'un siècle. Les archives locales, les correspondances privées, les œuvres des mémorialistes et des grands romanciers de l'époque, combien de témoignages concordant avec les résultats de l'observation présente ! Ainsi, s'agissant spécialement de la politique au village, est-il rien de plus démonstratif à l'appui de mon dire que les procès-verbaux, sceptiques et secs, d'Henri Beyle ? Talent à part, entre ses études et celles de nos jours, une variante unique : de 1815 à 1830, c'était le *noir* qui commandait ; maintenant, c'est le *rouge*.

Des tableaux criants de vérité où s'enfonçait la pointe corrosive de Stendhal (ce Machiavel fondu en psychologue), je retiens
celui où passe, transi et affolé, le Parisien
chassé des champs auxquels il était venu
demander, muni de solides rentes, les plai-
sirs de la vie pastorale : « Je quitte l'abominable vie que l'on mène en province. La politique me chasse. La tracasserie m'environne
sous toutes les formes. — Tu veux vivre à la
campagne sans servir les passions de tes
voisins, sans même écouter leurs bavardages.
Quelle faute ! — Je quitte cet enfer d'hypocrisie et de tracasseries... » Ce diable de
Stendhal, comme vous savez, avait le mot
aussi dur que son œil était aigu ; il s'attachait
peu, portraicturant ses contemporains, à
estomper la vérité. Nous sommes plus parlementaires — oh ! oui — et tout de même,
relisant la page citée, je me surprends à sou-
pirer : Comme c'est bien cela ! Il semble-
rait qu'entre la France de Charles X et la
France du peuple souverain, il ne devrait
plus y avoir — sauf les chaînons de l'histoire

— rien de commun. Eh bien, non ! Les temps
passent, les mœurs demeurent. A peine va-
rie-t-on, pour l'apparence, les prétextes des
affreuses guerres civiles qui éclatent soudain
— tels des cataclysmes — à intervalles irré-
guliers...

Comme je risquais cet aveu devant un politicien, il crut habile d'en tirer parti :
« Durant tout le dix-neuvième siècle, sous
Napoléon Ier et sous la Restauration, sous
Louis-Philippe et sous le second Empire,
notre pays a connu les mêmes mœurs dont
vous vous plaignez. Pourquoi, dans ces conditions, nous rendez-vous responsables d'un
état de choses que nous n'avons pas créé ? »
Mais la réplique était aisée. D'abord, aux
époques évoquées, le peuple tenait un rôle
passif et muet : il n'en pouvait sortir qu'en
faisant parler la poudre dans les rues ; quant
à la corruption politique, elle n'était point
son fait : elle n'existait que là où résidait le
pouvoir, dans les puissances sociales, c'est-à-
dire dans les « classes dirigeantes ». Ensuite,
et ce rappel aux fondements du régime est

indispensable, l'une des raisons essentielles
de la troisième République était d'instaurer
sur les ruines du passé les vertus civiques.
Si, depuis bientôt quarante ans qu'elle dure,
les mœurs, loin de s'améliorer, vont de plus
en plus se dissolvant, qu'a donc fait la République?...

Au fronton de la Commune, comme on appelait jadis la mairie, la devise : « Liberté,
Égalité, Fraternité » se détache ainsi qu'une
promesse de pleine sécurité pour tous les
citoyens. Électeurs, ne sont-ils pas les maîtres ?
La loi a placé entre leurs mains le choix des
édiles chargés d'administrer leurs biens et de
défendre leurs intérêts. Le maire n'est plus
une créature du pouvoir central : il est leur
propre élu. Enfin, la loi de 1884 leur a
accordé un moyen de contrôle direct en instituant la publicité des séances des conseils
municipaux. Que désirer de plus ? Les garanties des citoyens sont complètes. Ils ont par
elles la faculté de maintenir étroitement
l'accord nécessaire entre administrateurs et
administrés pour une bonne gestion des

affaires communales. Tel est du moins l'esprit de la loi. Dans la pratique, obtient-il
l'effet désiré? Non, il s'évapore...

Voici un conseil municipal comprenant
vingt-trois membres. Le budget de la petite
ville qu'il représente atteint à peu près un
demi-million. C'est une ville d'artisans et de
bourgeois. Les ouvriers n'y sont pas méchants; leur anticléricalisme lui-même se
donne volontiers congé lorsque leurs enfants
font la première communion; quand le maire
supprima les processions (il fit cela sous le
règne de M. Combes), l'un d'eux, travailleur
se disant socialiste, me confia son chagrin de
voir ses fillettes privées par cette mesure de
leur plus vif plaisir. C'est une ville tran-
quille. Elle est promise, grâce au succès de
certaine industrie, à une prospérité croissante. Il ne lui manque, pour augmenter sa
vitalité, qu'un peu plus de... comment dirai-
je?... de civilisation, soit la propreté, l'en-
tretien des rues et des routes, l'adoption de
récentes découvertes qui permettent de
rendre les cités plus attrayantes en les

9

égayant et en les embellissant. C'est surtout
l'affaire du maire et des conseillers, n'est-ce
pas? Ayant la charge de nos intérêts, ils
doivent faire preuve de vigilance et d'initiative. Eh bien, regardons-les à l'œuvre.

Le conseil tient ses séances le soir. Sur
vingt-trois conseillers, dix au plus sont
fidèles, y compris le maire et ses deux
adjoints. Pour parfaire la majorité exigée par
la loi, les agents de police vont dans les cafés
racoler deux ou trois édiles de bonne volonté;
encore ceux-ci ne quittent-ils leur partie de
cartes qu'en maugréant : ils ne s'y résignent
que sur la promesse de recouvrer la liberté
dans peu d'instants. Promesse toujours tenue
les séances, en effet, sont très courtes. La
municipalité explique brièvement les affaires
courantes : sur chaque question le conseil l'approuve sans mot dire. Parfois, cependant, une
voix ose se faire entendre. S'il s'agit d'une
proposition ferme, on la renvoie à l'une des
commissions municipales : elles se réunissent
au galop deux ou trois fois l'an. Si c'est
une simple observation touchant les services

locaux, le maire hausse les épaules et le
conseil fait de même. La discussion du budget, à cause de la lecture des chapitres héris-
sés de chiffres, prend, il est vrai, deux
bonnes heures. Mais le budget ayant été
préparé par le maire et le receveur municipal, avec l'approbation toujours acquise de
la commission des finances, nul se hasarde
à discuter le chef-d'œuvre arithmétique de
ces compétences. Et la séance est levée. Des
poignées de main à l'arrivée, des poignées de
main au départ, voilà comment ces messieurs justifient la confiance de leurs concitoyens...

Et le public? demandez-vous, le public
des séances?... Le public? Il n'y en a pas.
C'est très cocasse. La publicité des séances
des conseils municipaux fut considérée par
le parti républicain comme une conquête
immense. Il ne l'obtint qu'après avoir livré
batailles sur batailles à la Chambre et au
Sénat. Les réactionnaires redoutaient cette
liberté nouvelle à l'égard d'un bouleverse-
ment social. Les républicains au contraire

la vantaient comme l'affranchissement de
la vie communale, l'outil indispensable du
progrès politique dans les campagnes. La
présence des électeurs aux délibérations des
mandataires, quelle éducation pour le pays !
Ce sera, objectaient les adversaires, la révolution à l'état permanent. Or, ni les craintes
des uns, ni les espérances des autres n'ont
été justifiées. Nos mandataires délibèrent
isolés. Ils n'ont pas même le public de vieux
retraités dont le sourire déférent aiguise
l'esprit des présidents de tribunaux cor-
rectionnels dans les prétoires de dernier
ordre.

Indifférence, apathie... L'éloignement des
électeurs a d'autres causes encore. Leur énu-
mération ferait l'objet d'une analyse assez
étendue. Je ne m'y risquerai pas. Mais je veux
que vous sachiez ce qui, chez nous, assure le
vide aux séances du conseil municipal, et je
vous le dis d'un mot : c'est le maire. Dans
les débuts de son administration, quelques
électeurs indépendants suivaient les travaux
du conseil. Le maire, tout de suite, les

regarda d'un mauvais œil. Cet homme n'admet l'exercice des libertés publiques qu'à la condition qu'elles ne gênent pas son autorité personnelle. Or, que voulaient ces curieux, sinon trouver matière à la critique? Et, un à un, par des moyens à lui, il les élimina. Les moyens qu'il employa touchent à l'action administrative et politique. Ils n'ont rien de mystérieux ni d'original. Ce sont ceux qui lui servent, comme à tant d'autres seigneurs de village, rustres ou bourgeois, à asseoir sa domination tyrannique sous le couvert du préfet et du député.

Je vous en entretiendrai dans une prochaine lettre. Vous verrez si j'ai eu raison d'établir un parallèle entre le passé et le présent quant aux mœurs politiques qui nous sont imposées. Les rivalités et les jalousies locales sont malheureusement presque naturelles. Ce qui l'est moins, c'est l'appel continu aux passions basses, leur exploitation érigée en système de gouvernement. On a dit que si le droit du philosophe est de mépriser ces passions, l'art du politique est de les utiliser. Cette triste maxime contient, il faut l'avouer, une part de vérité. Elle appelle toutefois un correctif — c'est que le politique ne pousse pas l'art, pour sa satisfaction égoïste, jusqu'à empoisonner le pays.

NEUVIÈME LETTRE

PRATIQUES POLICIÈRES DE CERTAINS GOUVERNANTS : LEURS CONSÉQUENCES DANS LES COMMUNES

En fervent et irréductible républicain que je suis (mes dieux sont les plus fulgurants des saints de ton calendrier, ô immortelle Révolution !), il me serait doux, observant la vie de nos champs, d'éprouver exclusivement les virgiliennes impressions d'une âme bucolique. Hélas ! je ne le puis. Sans avoir fait mon tour de France à la manière des bons compagnons dont George Sand dépeignit les pérégrinations agrestes, j'ai passablement musardé d'une province à l'autre. Partout, chez le pétillant Gascon et le Flamand réfléchi, chez le Bourguignon salé et le Provençal farandoleur, comme au rude pays des « gueules noires » de la vallée de la Meuse, aussi bien que dans la lande où se pétrifie le rêveur breton, partout j'ai dû conclure que,

en république comme en monarchie, l'homme
reste un loup pour l'homme. Cependant la
démocratie attend beaucoup de l'éducation.
Noble espoir ! Mais jusqu'à présent, j'en
demande bien pardon à notre pédagogie officielle, au lieu de refouler les instincts nous
n'avons fait que les aiguiser, si bien que nos
pauvres communes sont des étuves où bouil-
lonnent toutes les passions surchauffées par
la politique.

Vous connaissez cette ancienne définition
de Fiévée : « La politique est ce qu'on ne dit
pas. » La politique suppose de nos jours
moins d'attachement au secret ; elle est plus
déshabillée, je n'ose écrire plus cynique. Il
se peut qu'en haut lieu elle emprunte encore
les airs rébarbatifs d'une science impéné-
trable au vulgaire. On a le droit d'en douter
lorsqu'on entend les piquantes indiscrétions
auxquelles s'abandonnent, à l'égard des
ministres dont ils se font à Paris les valets, les
parlementaires en veine de médisance envieuse. Pour nous, qui n'imaginons la hou-
lette gouvernementale qu'à travers le moulinet

du bâton administratif, la politique est ce que nous voyons.

Établi d'après ce point de vue, notre jugement se fait plus juste. Entre les principes fondamentaux du régime et les pratiques quotidiennes du personnel en fonctions, l'opposition apparaît tellement scandaleuse que la véritable cause des fautes commises s'étale, éclatante, à nos yeux. Ainsi, quand les grandes lois des trente dernières années sont mal appliquées, ou pas du tout, nous n'en accusons pas toujours l'impéritie du législateur : l'expérience nous apprend que la loi a ses cambrioleurs officiels. Je le dis donc volontiers : si le malheur des temps voulait que la nation fût poussée à ramasser ses griefs en un acte d'accusation, ce n'est pas contre la République même qu'elle le dresserait, c'est contre les mauvais serviteurs qui la défigurent, qui la rongent hideusement.

Idéalement, quoi qu'on dise, la République a beaucoup fait pour les libertés municipales. La loi de 1884, dans sa large contexture, en

est la preuve écrite. La République devait à
son propre principe ce nouvel affranchissement des communes. Le pouvoir municipal
est celui dont la détention importe aux
citoyens avant tout autre. La commune
constitue à la fois, de par le contrat social,
l'alvéole et l'aboutissement de l'association
gouvernementale. Cités ou hameaux, c'est
le sang sorti de ces milliers de cellules
éparses qui vivifie et nourrit l'agrégat que
nous appelons patrie. Villages et grandes
villes le lui donnent généreusement. Mais la
patrie bien comprise ne doit pas se faire
sangsue. États ou individus, l'égoïsme absorbant d'un Ugolin ne semble être pour
personne d'un exemple fructueux. C'est pourquoi, si nous avions vraiment conscience de
notre droit vital, nous exercerions les libertés municipales avec une vigueur jalouse. La
loi, dans son principe, est pour nous. Mais
il en est de celle-là comme de tant d'autres :
le gouvernement l'annihile en grande partie
par l'intermédiaire de ses agents — avec la
complicité trop fréquente des municipalités.

C'est ici le triomphe de la politique.

Notre système gouvernemental est machiné de telle façon que la vie nationale se trouve subordonnée à une permanente direction administrative. Est-ce un bien? Est-ce un mal? Ce n'est pas la question. Envisageons seulement les résultats positifs de cette situation. Elle a pour premier effet d'enchevêtrer l'action municipale et l'action préfectorale. D'où l'obligation pour les maires d'entretenir des relations constantes avec le sous-préfet ou le préfet. La nature de ces rapports décide de la marche des affaires, de leur solution même. S'ils se limitent strictement aux inévitables nécessités du service, l'administration se montre rétive, sinon hargneuse. S'ils sont empreints d'une cordialité complaisante, l'administration se prodigue en bienveillances. Règle générale : la sollicitude des préfets est en raison inverse de l'indépendance des maires.

Nul Français n'ignore la formule cabalistique : « Votre dossier est à la préfecture. » Cela s'entend de toutes les affaires, sérieuses

ou minimes; en est-il beaucoup qui échappent
au visa administratif? La plupart des dossiers peuvent être examinés rapidement;
une demi-heure, une heure y suffit : la préfecture y met des semaines, des mois. Quand
le dossier s'en va place Beauveau ou ailleurs,
cela prend l'année — et au delà. Autrefois,
il se trouva un ministre de l'Intérieur pour
rappeler les préfets au devoir et à la diligence.
C'était Waldeck-Rousseau. Dans une circulaire célèbre, il les rendit personnellement
responsables de ce que l'on appelle à tort,
selon lui, les lenteurs administratives. Ce
grand homme d'État avait entièrement raison. Mais il se heurtait à l'une de ces vieilles
routines sur lesquelles la volonté réforma-
trice n'a pas de prise si elle reste correcte
et légale. Après lui la circulaire tomba en
désuétude. Il y a mieux. Les lenteurs administratives se sont perfectionnées : aujour-
d'hui, elles sont un moyen de pression, de
domination.

Je m'explique. Les maires... Je laisse de
côté ceux qui sont vraiment dévoués aux

intérêts communs ; je ne m'occupe, parce que c'est de ceux-ci que vient le mal, que des maires dévoués à leur propre personne. Je dis que ces derniers sont les plus dangereux, les plus nuisibles, parmi les suppôts de l'autorité centrale que l'on a baptisés « délégués administratifs ». Charmant euphémisme appliqué au plus impudent des espionnages!... Les maires aimés de l'administration sont par elle consultés sur les affaires concernant leurs concitoyens. Selon l'attitude politique de ces derniers, la réponse sera favorable ou non. Si l'on a cependant le droit pour soi, l'habileté du maire consistera à vous faire opposer l'inertie des bureaux de la préfecture. Ce genre de tracasseries est d'une pratique courante : elles énervent votre existence. Il en est de plus exaspérantes et qui ont parfois des conséquences très graves.

Il n'est aucune des manifestations de la vie communale où la liberté des citoyens ne puisse être gênée, — je dis du riche au pauvre. Le premier se voit imposer abusivement par les répartiteurs auxquels le maire

a fait la leçon. Le second est impitoyable-
ment privé du bénéfice des lois d'assistance.
Combien d'hospices communaux où sont
admis les seuls protégés-de la mairie, trop
souvent des fainéants et des ivrognes, alors
que de vrais malades dépérissent abandonnés
sur leur grabat ! Tel honnête commerçant se
verra dresser procès-verbal sur procès-verbal
pour infractions légères à des règlements de
voirie, tandis que des délinquants plus sérieux se pavanent couverts d'une scandaleuse impunité. Sur qui, sur quoi l'influence
de la mairie ne se fait-elle pas sentir ? Demandes de secours ou de dégrèvements
d'impôts, demandes de bourses départementales ou de sursis pour les périodes militaires, etc., elle pèse sur tout, et je ne fais
allusion qu'aux choses les plus ordinaires.
J'ai vu révoquer des receveurs buralistes
coupables de vendre des journaux désagréables à la municipalité de l'endroit. La
République voua aux gémonies les hommes
du 16 Mai : pourquoi, ici et là, revient-on à
leurs procédés ?

Et je sais pire. Le ministre de la Guerre accorde des allocations à d'anciens soldats. Combattants vieillis, serviteurs mutilés, la plupart de ces pensionnés spéciaux n'ont pas d'autres ressources. Ils attendent la mort sur une langue de terre en se nourrissant de ce charitable morceau de pain. Nous en connaissions qui achevaient ainsi leur vie dans des communes voisines. Ils étaient républicains, mais d'un modérantisme qui déplaisait à certains édiles. Ceux-ci les dénoncèrent à la préfecture comme ennemis du gouvernement. Un jour les malheureux apprirent avec stupeur que leur secours annuel venait d'être supprimé. C'était la misère brutale : deux se pendirent. — Le scandale fut étouffé.

Je ne prétends pas que la politique aboutisse forcément à des dénouements aussi tragiques. Ces faits sont exceptionnels, du moins croyons-le. Mais qu'elle touche au drame ou qu'elle se galvaude dans la bouffonnerie, qu'elle se macule de sang ou de boue, la politique en province revêt des allures follement étranges.

Par quatre fois, depuis 1789, nous eûmes des gouvernements carrément inquisitoriaux : sous la terreur jacobine, sous la tyrannie impériale, sous l'implacable domination de « la congrégation » durant la Restauration, enfin lorsque, après le 2 Décembre, la France fut réduite au silence par des moyens dits de « sûreté générale ». L'histoire, selon qu'elle considère les causes supérieures ou le succès fatalement éphémère des entreprises humaines, condamne tour à tour chacun de ces gouvernements ; ou bien, à leur décharge, elle invoque la suprême excuse, celle dont se réclament — en tous lieux, en tous temps — les pouvoirs forts, qu'ils soient issus de la guerre civile ou de l'usurpation, des coups d'État ou de l'invasion : sorte de besoin instinctif de piétiner les vaincus, de les achever — en les supprimant par la violence ou la persécution. Ce semblant d'excuse, comme la société sait en trouver pour couvrir tous les crimes collectifs, peut se faire valoir au lendemain de bouleversements, alors que la lâcheté commune s'empresse à seconder l'inquisition régnante. Il n'est plus admissible, sous aucun prétexte, dans un pays soumis à un régime bien assis, dans une démocratie dont les représentants n'ont à la bouche que les grands mots de justice, de droit, de liberté.

Qu'elle s'exerce sous une forme ou sous une autre, au nom d'une divinité ou d'une doctrine, par une autocratie ou par une oligarchie, brutalement ou hypocritement, la tyrannie engendre les mêmes maux. Nos plaintes actuelles, bien sourdes encore, c'est elle qui les suscite. Nous sommes pourtant en République. Mais les vocabulaires, eux aussi, vieillissent — comme les principes. On ne dit plus la « tyrannie », on dit la « politique », mot de passe qui paraît avoir la vertu d'effacer toutes les taches, même les plus sales.

Un jour, causant avec mon député (je ne sais plus sous quel ministère), je m'indignais de certaines manœuvres policières. Le commissaire central du canton avait reçu — nous le tenions de bonne source — une quantité de fiches à remplir : 2.000, soit la moi-

tié du nombre des électeurs du canton. Dans
quel but? Il ne le savait pas lui-même. Sa
mission était de s'enquérir discrètement
auprès des maires amis sur la situation des
citoyens neutres ou douteux. Famille, relations, ressources, affaires, habitudes, l'enquête
ne devait rien omettre. Telle opère une
agence de renseignements, sans négliger la
médisance ni la calomnie. Qu'un gouverne-
nement, en vue sans doute d'agir plus directement sur le corps électoral, fit appel à des
armes aussi déloyales, cela nous suffoquait,
nous, naïfs! J'étais tellement furieux (je me
souviens de cette scène comme si elle était
d'hier), que, me plantant devant mon député
et me croisant les bras, je m'écriai :

« Ça n'est donc pas fini, ce système des
fiches? Cependant la Chambre l'a condamné.
Se moque-t-on des députés, ou sont-ce les
députés qui se moquent de nous?... »

Il hocha la tête, tristement; je l'entends
encore me répondre d'un accent dégoûté :

« Ah! mon pauvre ami, comme on voit
que vous ne vivez pas à Paris! Vous redou-

tez, pour vous et les autres, la fiche infa-
mante. Eh bien, consolez-vous : il y a belle
lurette que moi, membre de la majorité, j'ai
la mienne, et tous mes collègues de même.
Vous dites que les communes deviennent
presque des souricières sous la surveillance
des maires. Croyez-moi, vous seriez plus
indulgent pour ces braves gens si vous saviez
ce qui se passe là-bas. Écoutez cette anecdote :
je vous en garantis l'authenticité absolue.

« Il était une fois un nouveau ministre de
l'Intérieur qui, sitôt installé place Beauvau,
manda par devers lui le principal agent de
la Sûreté générale et lui tint ce langage :
« En fait de police, monsieur, je n'en com-
« prends qu'une : la police à la Fouché. Si
« vous la comprenez comme moi, vous êtes
« mon homme; sinon, bonsoir! Je vous donne
« quinze jours pour me mettre à même de
« juger vos talents. » Or, les quinze jours
s'écoulèrent, et beaucoup d'autres après : le
ministre et le policier s'étaient si bien compris que le premier éleva le second au plus
haut grade de son administration...

— Quoi! un ministre de notre chère République oser se proclamer le disciple de Fouché! Vous l'avez toléré? Fouché! cet homme dont Guizot lui-même, si avare d'inutiles sévérités, disait que peu lui importait la justice ou l'utilité nationale de ses actes, et qu'il n'était que le praticien de la nécessité!...

— Que voulez-vous? nécessité n'a pas de lois : ce disciple de Fouché a su nous le rappeler. »

En me souvenant de cette anecdote, je m'explique la nature des mœurs qui gagnent nos communes. Certains ministres ont des façons à eux de servir la République...

DIXIÈME LETTRE

DISGRACE DE DEUX PROTECTEURS DU RÉGIME : LE CABARETIER ET L'INSTITUTEUR

Les despotes heureux ont le tort de prendre pour l'effet durable de leur volonté ce qui n'est que le résultat momentané du succès.

Au plus fort de sa rouge épopée, Napoléon Ier, tenant l'opinion publique sous sa botte, exprimait sa confiance dans la soumission de la France en ces termes méprisants : « Avec mes préfets, mes gendarmes et mes prêtres, je ferai tout ce que je voudrai. » Il oubliait le plus solide levier de sa puissance : la gloire. Elle envolée, ni prêtres, ni gendarmes, ni préfets n'étaient capables de le sauver. Il eut l'effrayante occasion de le constater au cours de cette galopade tragique à travers le Comtat et la Provence,

lorsque, se cachant du peuple dont il enten-
dait les malédictions, les menaces violentes,
il fuyait l'empire. Quand, retour de l'île
d'Elbe, il rentra dans Paris, par une nuit
silencieuse, reçu froidement, en gêneur, dans
ce Paris d'où les Bourbons, quelques heures
avant, s'en étaient allés au milieu de l'indifférence, il eut l'impression très nette de
l'irrémédiable détachement des cœurs et des
esprits. « Ils m'ont laissé arriver, soupira-t-il,
comme ils les ont laissé partir! » Parole plus
que d'amertume : elle caractérise le degré
de lassitude, d'abandon, auquel tombent les
nations désenchantées.

Il en est ainsi chez les peuples civilisés
lorsqu'ils se désaffectionnent. Alors, tout
gouvernement devient impuissant à se maintenir par la seule action intéressée de ses
serviteurs.

Des trois facteurs sur lesquels l'empereur
se flattait d'asseoir à jamais son autorité, un
seul subsiste : les préfets. Écartant les gendarmes et les prêtres, la République pensa
remplacer avantageusement les premiers par

les marchands de vin et les seconds par les instituteurs. Qu'est devenue cette sainte trinité protectrice du régime? Le préfet, tant bien que mal, continue d'exercer son rôle d'agent du gouvernement. Quant au maitre d'école et au cabaretier, ils n'ont plus la confiance : à celui-ci, on reproche de distiller au peuple l'alcool frelaté qui abrutit et détraque; à celui-là, de lui verser non plus les douces phrases ronronnantes qui endorment, mais les mots vitriolés qui jettent à la révolte.

Les cabarets d'ici sont comme ceux d'ailleurs. Un peu plus sombres, un peu plus gais, selon la couleur du ciel ou le tempérament des gens, ils sont à la fois des rendez-vous de délassement et des refuges d'engourdissement. On y boit, on y discute, on y joue. Les uns viennent se distraire, les autres s'étourdir. Souvent on se grise et on se bat. Des rixes entre hommes saouls, quoi de plus banal? Vous avez ça dans les grandes villes, et c'est la même chose dans tous les pays, car les pochards n'ont pas de patrie. Mais le

nombre en augmente, comme celui des cabarets. Une déclaration sur une feuille de papier timbré à douze sous, et l'on se fait mar-
chand de vin. Immense conquête pour la
liberté du commerce ! La République la réa-
lisa avec un empressement fiévreux : les
cabaretiers délivrés, autant d'agents électoraux dévoués [1]. Pourtant la politique créa
dans nos villages le café des *rouges* et le café
des *blancs*. Mais les années ont supprimé
bien des barrières. La pénétration pacifique
s'est opérée d'un comptoir à l'autre par la
concurrence commerciale et par l'alcool. La
politique préférée de tout cabaretier est celle
qui produit la meilleure recette.

Le cabaret passa pendant des années pour
la place forte des aspirations démocratiques
et laïques. Les libres penseurs le considé-
raient comme l'antidote du confessionnal. Là,

[1] Par décret du 29 décembre 1851, le pouvoir exécutif
décidait à sa fantaisie l'ouverture et la fermeture des débits de boissons. C'était l'arbitraire absolu. En vertu de ce
principe, 2.200 débits furent fermés par le ministère du
16 mai. La loi de 1880 abrogea le décret de 1851 : depuis, il
suffit d'une simple déclaration à la mairie pour ouvrir un
débit de boissons.

plus qu'au préau de l'école, le parti anti-
clérical, si souvent servi par le sectarisme du
clergé, par des défaillances individuelles
habilement colportées de village en village,
accroissait le nombre de ses recrues. Avant
qu'une série de lois eût achevé la déchéance
sociale de l'Église française, l'indifférence
en matière de religion s'était rapidement
infiltrée dans les campagnes sous l'influence
du cabaret. Le sentiment religieux, atteint
déjà par le libre examen, s'est finalement
noyé dans l'alcool. Mais l'alcool est un terrible brûleur : la foi détruite, que va-t-il
consumer?

Je ne suis point de ceux qui rendent le
socialisme responsable de tous les troubles
économiques et sociaux dont la bourgeoisie
s'effraye : la bourgeoisie a dans ces désordres
sa grande part, et précisément, en ce qui concerne les ravages de l'alcoolisme, elle devrait être la première à faire son *mea
culpa*. C'est donc sans hypocrite intention
que je relève ce fait manifeste : les marchands de vin actuels, fréquentés principa-

11

lement par les salariés, par les « peinards »,
se font les fourriers du socialisme, au même
titre que leurs devanciers le furent du radicalisme. Je n'avance pas, oh! pas du tout,
qu'il y ait une corrélation entre le développement du péril alcoolique et la progression
des idées socialistes. C'est une coïncidence.
Mais je formule un vœu.

Les partis socialistes ont enlevé à la République bourgeoise l'alliance des cabaretiers
de campagne; je doute en conséquence qu'ils
s'associent aux mesures proposées contre ces
derniers dans l'intérêt général du pays.
Pourquoi, fidèles à leur programme collec-
tiviste qui veut l'État monopoleur, ne deman-
deraient-ils pas sérieusement, sans se contenter de l'inscrire sur leur programme, le
monopole de l'alcool? A coup sûr, beaucoup
de bourgeois, en dehors des riches distilla-
teurs, se joindraient à eux dans cette campagne. Elle obtiendrait avec le succès un
premier résultat assez appréciable : la pro-
duction d'une partie des ressources nécessaires aux retraites ouvrières.

Si la République parlementaire ne peut plus compter entièrement sur les cabaretiers, se trouve-t-elle en meilleure posture vis-à-vis des instituteurs?

De nos jours, on dit beaucoup de mal de l'instituteur, — pas autant qu'on en pense! C'est la conséquence naturelle du changement de sa condition. Libéré, grandi, fort des adulations dithyrambiques des politiciens, — relisez vos discours, messieurs, vous qui déchantez aujourd'hui! — il est devenu pour tous un sujet de crainte et d'effroi. Nos paysans, tant qu'il n'était qu'un souffre-douleur traînant misérablement la savate, le méprisaient, réservant leurs sourires pour le curé, gras et luisant; maintenant qu'ils le sentent redoutable au gouvernement, ils le flattent ou ils le ménagent, — tout en se méfiant. Le gouvernement lui-même, très tourmenté à cause de lui, hésite sur la conduite à adopter. L'inquiétude du Parlement est si profonde que je pourrais vous citer tels députés ministrables, et des plus avancés, s'il vous plaît! bien résolus à exiger tout autre portefeuille

— malgré la tentation — que celui de l'Instruction publique : ils ont peur d'avoir à sévir contre les instituteurs. N'ont-ils pas vu des hommes intelligents regretter d'avoir perdu leur popularité dans ces bagarres?

Ce qu'est la vie de l'instituteur, placé d'une part entre le maire et le délégué cantonal, d'autre part entre l'autorité académique et l'autorité préfectorale, tantôt tiraillé par les comités, tantôt sollicité par les ambitieux, appâté par les uns, menacé par les autres, la peinture en a été tentée plus d'une fois, et, tout de même, j'en dirai un mot. Pourtant, il me semble difficile de s'expliquer la situation présente si l'on ne remonte un peu aux origines. C'est fort joli d'envoyer au diable un personnage jugé encombrant. Encore doit-on se demander pourquoi on l'a mis en place, et quels services on attendait de lui...

Je signalais au début de cette lettre combien Napoléon se trompait en attribuant uniquement sa puissance à ses préfets, à ses gendarmes, à ses prêtres. Sa gloire, écrivais-je, le protégeait bien autrement. La République, idéaliste en ses premières années, comprit l'indispensable nécessité d'une auréole pour un gouvernement qui veut durer. La gloire des armes ne lui était pas permise : elle figure dans ses traditions historiques, mais au lendemain de 1870 elle n'entrait pas dans ses moyens, et l'on peut croire que, depuis la mort de Gambetta, elle a disparu peu à peu de ses désirs, au moins jusqu'à l'instant précis où j'écris... La République crut satisfaire les esprits en se donnant à eux comme la muse de la science et du progrès. Elle s'annonça éducatrice et vulgarisatrice. Le clergé la détestant, l'armée ne l'aimant pas, elle travailla habilement à en détourner les masses; et, triomphante, elle cria à l'ouvrier, elle cria au paysan : « L'instruction, c'est la clef du bonheur! Je t'instruirai, et tu seras heureux. Si tu vas à l'école, tout te sera permis, tout sera à toi. Regarde le président de la République : il s'appelle Jules Grévy. Qu'était-il? Le fils d'un paysan du Jura. Eh bien, toi aussi, si tu le veux, tu

11*

seras chef de l'État! (¹) » Comme il lui fallait quelqu'un pour répandre ses promesses sur tous les points du territoire, elle choisit le maître d'école. Lui, jusque-là tenu en lisière, elle l'émancipa avec des cris de joie, lui jurant fidélité et assistance comme à son plus fidèle allié.

Ainsi, ce pauvre affranchi de la veille, l'instituteur, cet être encore étourdi de sa personnalité soudainement reconquise, reçut mission de supplanter — à lui seul — la gloire et la foi.

Cette tâche formidable, l'instituteur l'accepta vaillamment. Ses épaules cependant n'étaient pas encore bien solides. L'aide promise par les parlementaires n'était d'abord accordée qu'avec lenteur et parcimonie. Son courage néanmoins ne fléchit point, ni son dévouement à ses fonctions pas plus qu'aux institutions républicaines. Il fut longtemps et un maître zélé et un militant généreux.

1. J'ai lu cela dans les manuels scolaires de 1883. L'exemple tiré de la haute magistrature de Jules Grévy se trouve, si je ne me trompe, dans le manuel de Paul Bert.

Comment est-il advenu que, malgré ses preuves d'attachement à la République, malgré la teneur de ses engagements envers la démocratie, il soit à l'heure actuelle traité comme un suspect — avant de l'être comme un ennemi ?

Ce point d'interrogation soulève de graves problèmes. En réalité, c'est toute la question scolaire qui se retrouve en cause. Au conseil général, on exprime des vœux discrets sur l'amélioration ou le renforcement de l'instruction obligatoire, et d'incorrigibles adversaires de la laïcité annoncent déjà la faillite de notre enseignement primaire. C'est aller un peu vite en besogne. Laissons là ces intéressants sujets de controverse. Ce sera la part des préoccupations futures. Une expérience plus poussée établira si la démocratie se comporta avec prudence en revenant sans transition, radicalement, pour le principe, au système de Condorcet, ce système d'égalité et de gratuité dont Daunou disait qu'il n'est bon qu'à instituer une Église académique. Justement, la République n'est-elle peut-être tracassée par le malaise actuel qu'en raison de ce qu'elle croit distinguer dans son Église à la Condorcet : les officiants sur le point de changer de dieu.

Si l'on pense que les conditions font les caractères, on ne peut s'étonner des dispositions actuelles de l'instituteur. Qu'a-t-on voulu faire de lui ? En façade, l'éducateur du peuple ; dans la coulisse, un agent électoral. On le présenta à la nation comme le plus haut serviteur de l'intérêt public, comme un homme supérieur au prêtre et au soldat. Mais en même temps, et voilà la faute initiale, on prit contre lui une mesure digne d'un pouvoir absolu : on en fit un simple rouage administratif en subordonnant l'autorité académique à l'autorité préfectorale. Autrement dit, on livra l'instituteur au bon plaisir du politicien. Qu'en est-il résulté ? De tels abus qu'à la longue les membres de l'enseignement résolurent de secouer les chaînes. C'est à quoi ils s'emploient pour l'instant. On s'en indigne. Je le comprends en partie. Mais dans ce conflit mieux vaut

observer les choses avec impartialité. C'est
ce sentiment qui m'incline à ne pas condamner l'instituteur révolté, au moins sans circonstances atténuantes : comme tant d'autres
citoyens, il subit l'influence de la température morale créée dans le pays par les parlementaires.

Si j'étais qualifié pour parler à l'instituteur,
je lui tiendrais ce langage :

« Méfie-toi. Sois prudent ! Toi aussi, quelque jour, tu seras le bouc émissaire —
comme le curé. A quoi, en maintes petites pa-
roisses, il en est réduit, après avoir vainement pleuré aux pieds de son évêque trop
aveugle ou trop pauvre lui-même, tu le sais :
à mettre la clef sous la porte, abandonnant
son église déserte pour n'y pas mourir de
faim. Tu le sais et tu en ris. Toi qui jouis de
cette désolation comme d'une revanche,
pourtant tu as lu l'histoire et tu l'enseignes.
Oublies-tu que le vainqueur du jour sera le
vaincu de demain, de même qu'à son tour
le spoliateur deviendra le spolié ?... Méfie-
toi ! Tes mauvais jours recommencent... »

Oui, voilà ce que j'aimerais à lui dire. Mais il n'aurait pas le temps de m'écouter. Il a tant de soucis ! Tantôt celui de courir au syndicat faire entendre ses revendications ; tantôt, celui d'aller, tout en rechignant, chez le député solliciter pour son avancement...

ONZIÈME LETTRE

LA CONDITION SOCIALE DU MAITRE D'ÉCOLE SOUS LA RÉPUBLIQUE

Si jamais, en écrivant ces lettres où j'ai pour seul désir de refléter en toute indépendance un état de choses et un état d'esprit, je me suis efforcé de traduire les idées et les faits avec l'impartialité la plus absolue, c'est bien en parlant des instituteurs. Non que je craigne d'être rangé parmi leurs accusateurs ou leurs thuriféraires. C'est là mon moindre souci. Mais ils occupent une telle place dans les préoccupations générales qu'il convient d'étudier leur cas en pleine liberté de jugement. La troisième République les considéra comme l'un de ses éléments essentiels ; aujourd'hui, si l'on en croit plusieurs de ses porte-parole officiels ou officieux, elle redoute en eux un danger pour l'avenir. Je

veux donc poursuivre l'examen de leur condition sans me faire avocat ni procureur,
tout simplement en bon petit témoin qui
dit ce qu'il sait, ce qu'il voit, sans s'inquié-
ter, ce faisant, de plaire ou de déplaire. Si
la lune est rousse, que me servirait-il de vous
la dépeindre argentée?

Le personnel de l'enseignement primaire
n'est pas un. L'on y distingue aisément,
ainsi en est-il dans tous les groupes organiques de la société, deux catégories d'individus : les résignés — et les autres. Les premiers sont, comme presque toujours, en
majorité. Le seront-ils longtemps? Je ne le
sais pas plus que vous. J'observe seulement qu'en France (je dois me localiser), les
majorités passives ont été assez régulièrement absorbées par les minorités ardentes.
Beaucoup de ces résignés sont par surcroît
des satisfaits. La caractéristique des satisfaits, en quelque classe qu'ils respirent, est
d'éprouver sans plus la joie de vivre. A ce
matérialisme ils sacrifient bien des choses,
à commencer par les risques de la lutte. Que

d'autres se battent à notre place ! Si ces fous
sont victorieux, vous nous verrez accourir à
la rescousse. Jusque-là, mes braves, comptons
les coups et digérons en paix. Ce genre d'é-
goïsme si naturel ne devrait jamais inspirer
grande confiance aux gouvernements. Aussi,
s'agissant des instituteurs et des institutrices,
ne suis-je pas surpris que la méfiance des
hommes politiques englobe les deux catégories dans l'aversion naissante. Par exemple,
amicales ou syndicales, il ne me semble pas
qu'à Paris l'on fasse entre eux une énorme
différence. Nous, gens d'esprit moins subtil,
dégageons-nous tout à fait des étiquettes ron-
flantes, et tâchons de regarder l'instituteur
tel qu'il est.

En général, c'est un brave homme. Fils
d'artisan ou de paysan, une fois délivré du
cocon primitif, son plus grand défaut est
l'illusion ; j'aurais peut-être écrit : l'ambition,
si tant de galvaudeux n'avaient déshonoré
dans la basse politique ce mot superbe.

Jadis, dans certains séminaires, les professeurs promettaient aux meilleurs élèves

12

(ce qui ne signifie pas toujours les plus intelligents) les cures nanties d'un casuel varié, cadeaux, œufs, chapons et le reste, ou favorisées d'invitations aux meilleures tables de la paroisse. L'objectif des jeunes gens de nos écoles normales départementales est d'ordre plus relevé: ils rèvent à la fois de se constituer une famille et de vivre en hommes libres. Leur erreur est de croire que le second de ces désirs est aussi facile à réaliser que le premier. Parce qu'ils consacrent à la société toute leur existence, ils estiment qu'elle n'a pas le droit d'exiger d'eux quoi que ce soit en dehors de leur travail, qu'ils sont maitres de leurs opinions et de leurs actes extérieurs, qu'il serait abusif d'opposer à leurs aspirations de liberté complète la chaine de leur traitement, celui-ci représentant exclusivement le salaire de leur peine.

Théorie déjà vieille. Les ouvriers ont mis un siècle à l'imposer, pour leur part, aux patrons : ils n'y sont parvenus qu'avec les syndicats professionnels. Mais il arrive parfois aux États de rester indifférents aux leçons de l'expérience. C'est pourquoi d'aucuns qualifient l'ambition des instituteurs et des institutrices d'orgueil subversif. L'orgueil! Il est, selon les temps, le crime ou l'héroïsme de toute personnalité humaine qui s'affirme.

A n'envisager que le côté matériel de sa condition, l'instituteur serait-il fondé à se plaindre? (Je ne sépare pas, cela se conçoit, l'institutrice de l'intituteur; si je ne les nomme pas continûment, c'est pour la commodité du langage.) La République affecte un gros budget à l'enseignement primaire. Mais ce n'est point par le total des dépenses d'une corporation sociale qu'il faut juger de la situation individuelle de ses membres. Ici le détail a plus d'importance que l'ensemble. L'instituteur débute à 1.100 francs et arrive à 2.200 francs ; l'institutrice débute également à 1.100 francs et s'arrête à 2.000 francs [1]. Sans

1. Voici l'échelle des traitements :

	Stagiaires	5e CLASSE	4e CLASSE	3e CLASSE	2e CLASSE	1er CLASSE
Instituteurs...	1.100	1.200	1.500	1.800	2.000	2.200
Institutrices...	1.100	1.200	1.400	1.600	1.800	2.000

vouloir établir un parallèle, je note qu'il n'y
a pas bien longtemps (peut-être cela a-t-il été
modifié), un substitut, un conseiller de préfecture, fonctionnaires obligés à une tenue
correcte, recevaient, le premier, dans les deux
cents francs par mois, le second de quinze
à dix-huit cents francs par an. Ça n'est pas
gros! — Je donne, pour l'instituteur, des
chiffres bruts ; mais, en plus du traitement,
il a, tout comme le curé, une sorte de casuel
plus ou moins respectable selon la commune
et sa propre activité.

L'instituteur est logé gratuitement ; en
outre, dans les communes supérieures à
mille habitants, une indemnité de résidence
lui est allouée. Je ne vous ferai pas la des-
cription d'un appartement, d'une maison
d'instituteur. Les logis varient selon les pays.
Chez nous, où le directeur de l'école a sous
sa tutelle une demi-douzaine d'adjoints, ces
messieurs ont chacun une installation assez
confortable, malgré l'étroitesse des pièces.
Mais ils n'ont pas le plus petit jardin à leur
disposition. C'est un tort. Il n'est pas bon

qu'un maître d'école passe sans transition de
la salle d'études dans un domicile souvent
trop dénudé. Ce pédagogue est un homme ;
il a besoin, comme vous et moi, de se repo-
ser, de respirer au plein air, de rêver, oui
de rêver, et pourquoi pas ? La route lui suffit,
direz-vous. Allons donc ! Sur la route, il y a
les enfants qui fuient à son approche (c'est
instinctif), les parents qui murmurent ou
maugréent, les méchants qui l'épient et mé-
disent, enfin ces mille riens qui font qu'à la
campagne la promenade est souvent plus pesante que l'atmosphère cadenassée d'une pri-
son. Donnez donc à l'instituteur sa part de
ciel, une part qui soit bien à lui, où il ait la
possibilité d'oublier un instant ses sem-
blables et sa marmaille. Ne vous sentez-vous
pas meilleurs, vous-mêmes, bourgeois mes
frères, meilleurs et plus disposés à l'indulgence sociale, lorsque vous avez cueilli —
pas même une fleur ! — un brin d'herbe
quelconque dans un jardinet où la nature
est seule à vous regarder ?

Je reconnais qu'en beaucoup de communes

l'instituteur a son potager; davantage, parfois. J'en sais une où il dispose d'un joli
enclos de fruits et de vignes dont plus d'un
d'entre nous se contenterait. Il est même si
avantagé qu'il fait envie à la population. Des
paysans reprochèrent au maire de gaspiller
ainsi un bien plus fructueux que leur bout
de champ. Le maire ne fut réélu, l'autre
mai, qu'en promettant à ces terriens rapaces
de leur abandonner, par une affectation spéciale, le vieux jardin, spacieux et riche
d'arbres épais, du presbytère désaffecté. Car
il tient à garder de bonnes relations avec
son maitre d'école : celui-ci, complaisant (de
gré ou de force?), rédige ses lettres et ses al-
locutions de circonstance.

Souvent l'instituteur cumule sa fonction
avec le secrétariat de la mairie. Ce second
emploi lui rapporte trois à quatre cents francs
par an. Quelquefois les conseils municipaux
se montrent très larges. On cite, à 20 kilomètres d'ici, un bourg assez populeux où le
maitre d'école reçoit mille francs de la mairie. Mais ces traitements élevés deviendront

de plus en plus exceptionnels. Je remarque chez nos édiles une tendance à se passer des services de l'instituteur dès que la chose est possible. Comme il est quelquefois maladroitement prétentieux, il lui arrive sans le savoir de blesser les conseillers dans leur amour-propre. Ils n'aiment pas payer quelqu'un qui a l'air de se croire supérieur à eux et indispensable. D'où l'inévitable cassure. Je ne pense pas que le divorce entre l'école et la mairie puisse être prononcé dans tous les villages. Ce serait matériellement impossible. Aussi n'est-ce qu'à titre d'indication que je note cette disposition des esprits.

Il y aurait lieu de se demander, à divers points de vue, si le cumul des fonctions d'instituteur et de secrétaire de mairie n'offre pas de sérieux inconvénients. Je le croirais volontiers. Du jour où il met les pieds à la mairie, le maître d'école devient trop puissant, ou bien il se fait domestique du conseil municipal. Dans les deux cas, sa personnalité est atteinte. Il cesse d'être l'homme neutre et indépendant que réclame son poste. Cela n'est pas bon pour l'enseignement. Un grand nombre d'instituteurs en conviennent. Il n'est pas rare d'en voir qui refusent l'emploi de secrétaire. Leur liberté, leur dignité compensent pour eux la perte pécuniaire; d'ailleurs, ils peuvent la réparer d'autre façon.

Vous savez qu'en dehors des heures de classe, les instituteurs et les institutrices se livrent à des travaux pédagogiques dits post-scolaires ou extrascolaires. La rémunération n'en est que facultative. Néanmoins, l'État et les départements leur affectent des crédits spéciaux dont la répartition a lieu annuellement. Ce sont les maîtresses et les maîtres les plus zélés qui en bénéficient. Voilà donc une autre source de revenus. Ajoutez encore les leçons privées, dont l'usage se répand assez dans certaines régions où les parents sont d'esprit ouvert. Je laisse de côté de petits bénéfices qui ne se récoltent qu'en marge, et du reste pas chez tous les instituteurs. Si quelques-uns trouvent le moyen, par exemple aux distributions de prix, de faire un peu de

commerce, cela leur vient de la nature, non
de la fonction. Ces cas sont plutôt rares. On
les rencontre d'ailleurs dans toutes les pro-
fessions. Ainsi, l'on assure en Europe que
les ambassadeurs aimant le lucre ne sont pas
tous morts avec Talleyrand. N'allons pas faire
un crime à de petits instituteurs de ce que
l'on tolère sur une vaste échelle chez d'aussi
grands seigneurs.

J'ai passé en revue les diverses ressources
de nos maitres d'école. Il faut également tenir compte de leurs alliances matrimoniales.
De nos jours, les mariages entre instituteurs
et institutrices sont nombreux. Si bien que
ces familles scolaires, excusez l'expression,
finissent par avoir un budget convenable. Je
conclus que la situation matérielle de l'instituteur, tout en restant susceptible d'amé-
liorations, peut suffire à ses besoins actuels.
Au reste, il en convient lui-même. J'en ai
interrogé plusieurs. Ils reconnaissent franchement que la République a consenti pour eux
de gros sacrifices d'argent.

Alors se pose la question. Si l'instituteur

avoue que, grâce à son traitement augmenté de sommes et avantages variés, l'existence lui est rendue plus supportable, s'il peut maintenant se créer une famille qui ne crève pas de faim, pourquoi et de quoi se plaint-il? J'ai recueilli une réponse uniforme chez tous ceux avec qui j'ai causé :

« Nous nous plaignons des vexations. Nous nous plaignons de n'être pas libres. Nous nous plaignons d'être la chose de l'administration et des politiciens. »

L'un d'eux me dit ce mot typique :

« Un ministre de l'Instruction publique, accusé à la Chambre de persécuter l'Église catholique, se défendit d'être antireligieux ; il s'affirma seulement areligieux. Eh bien, nous voulons, nous, n'avoir désormais plus rien de commun avec les politiciens; nous voulons l'instituteur apolitique. »

Retenez ce mot. Pesez-en toute la portée. Si vous le voulez bien, nous l'examinerons ensemble dans une prochaine lettre, quand j'essayerai d'analyser la condition morale de l'instituteur d'après les faits que j'ai observés.

Mais je vous entends me répliquer dès à présent :

« Cet instituteur est injuste. Il avoue qu'au point de vue pratique il est à peu près satisfait. Il est convenablement logé ; il se nourrit suffisamment ; son corps est replet ; il a femme et enfants. En un mot, il éprouve des joies matérielles. Que lui faut-il de plus ? Lui viendrait-il l'idée d'avoir une âme ? Fardeau bien inutile, puisque la République prend la peine de penser pour lui. »

Sans doute, sans doute... Cependant j'ai lu chez les philosophes et chez les historiens qu'une nation qui ne s'occupe que de satisfaire les appétits est mûre pour la servitude.

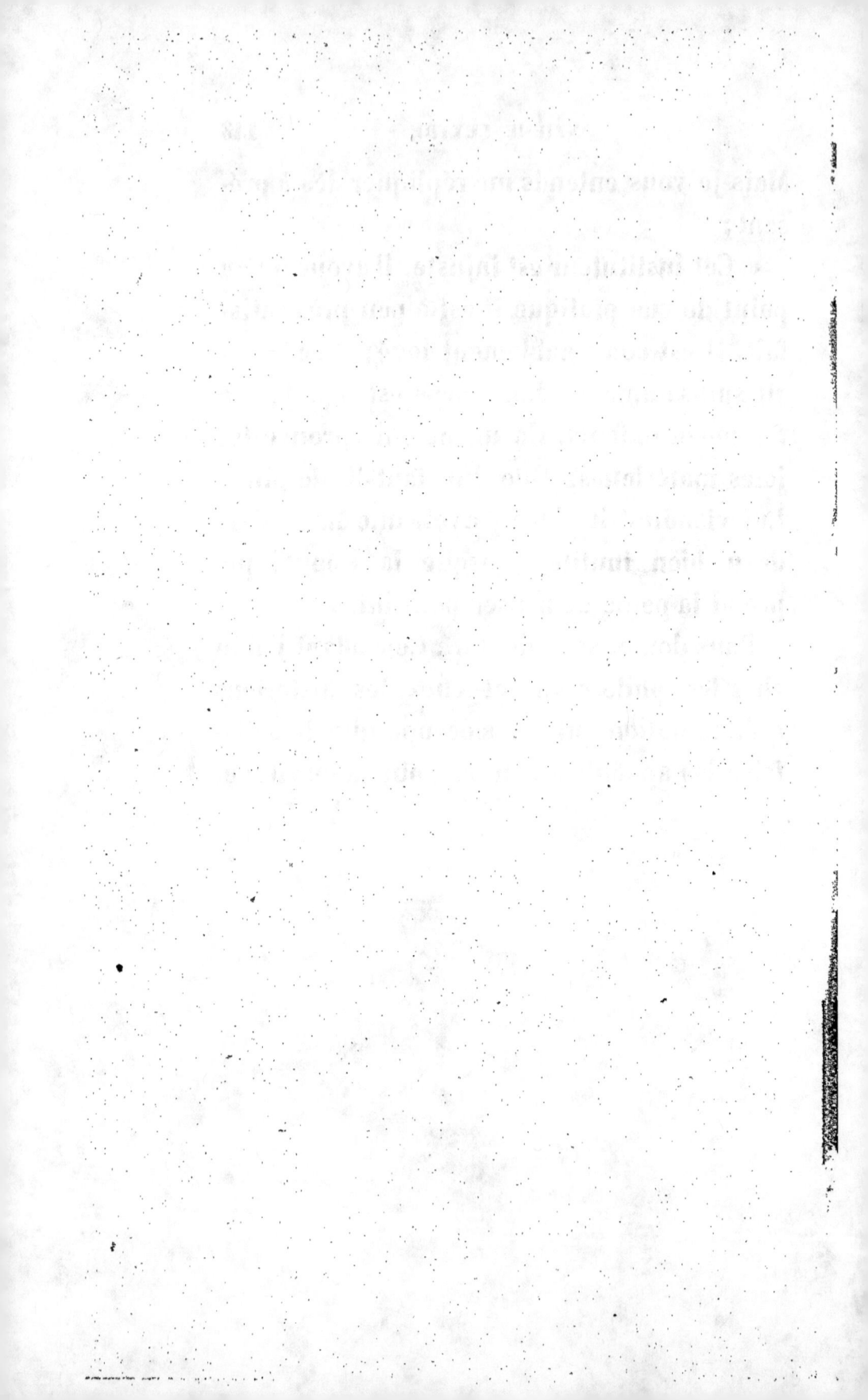

DOUZIÈME LETTRE

LE PERSONNEL DE L'ENSEIGNEMENT PRIMAIRE EST-IL INDÉPENDANT VIS-A-VIS DES POUVOIRS PUBLICS ?

J'ai le plus grand respect pour les documents officiels. Ils renferment parfois des bribes de vérité. Le tout est de savoir les distinguer sous la phraséologie administrative. J'ai fait dans ma jeunesse de longues stations aux Archives nationales, puisant fiévreusement dans des cartons poudreux. Souvent je m'exaspérais en lisant des papiers jaunis dont l'écriture démentait des affirmations que j'avais précédemment relevées dans les colonnes du *Moniteur*. Depuis je continue d'admirer l'assurance pertinente qui caractérise les déclarations des gouvernants ou les rapports des administrateurs, mais je me méfie. C'est l'une des raisons pour lesquelles, au lieu d'avaler en gobe-mouches les discours

13

sentencieux qui se tiennent sur la condition des membres de l'enseignement primaire, je préfère m'en rapporter à l'observation directe.

La République, ai-je écrit, a affranchi l'instituteur. Au moins telle fut l'intention des auteurs de la loi de 1882. Que la loi ait subi des déviations dans la pratique, qu'elle ne soit plus appliquée dans son esprit, tout de même il reste indéniable que l'enseignement primaire bénéficia par Jules Ferry des sympathies, sincères chez les uns, intéressées chez les autres, du parti républicain. A vrai dire, il profita pour sa large part du système libéral dont le régime démocratique comptait se faire un titre à la reconnaissance de l'enseignement national. Des systèmes différents ont, vous le savez, gouverné l'instruction publique depuis la Révolution. Je me garderai de les énumérer. Mais il n'est pas inutile d'en dire un mot rapide, sinon pour mesurer les étapes parcourues, du moins pour décider si les instituteurs ont raison de dire qu'en ce qui les concerne le pays revient en arrière.

L'instruction publique étant le moule où se façonnent les générations montantes, tous les gouvernements ont tendu à la maintenir sous leur coupe. La Révolution ne fit pas exception. A l'Assemblée Constituante, Talleyrand, qui était d'Église, proposait que l'État réglât jusqu'aux études théologiques. A la Convention, Daunou, partisan de la liberté d'éducation, réservait toutefois à l'État la direction de l'instruction primaire. Napoléon trancha dans le vif : il fit de l'éducation nationale tout entière un simple service du ministère de l'Intérieur. Elle passa avec la Restauration sous la surveillance du ministère des Affaires ecclésiastiques. Ce fut Guizot qui, le premier, sans oublier une tentative incomplète et infructueuse du cabinet Martignac, lui rendit, après 1830, les apparences de l'indépendance. Il la cantonna dans un ministère homogène et séparé des cultes. Mais lui-même s'attacha à exercer sur elle une influence spirituelle : ses instructions écrites ou verbales en font foi. En somme, il est permis d'avancer que, durant tout le dix-neuvième siècle, l'instruction publique fut considérée avant tout comme l'une des branches de l'autorité centrale. Ses grands émancipateurs devaient être Jules Ferry et Paul Bert — deux bons opportunistes...

Laissons là maintenant le passé. Voyons quelle est la situation actuelle des instituteurs et des institutrices vis-à-vis des pouvoirs publics. En dépendent-ils étroitement, comme ils le prétendent, ou bien sont-ils vraiment libres, comme l'affirment les gouvernants?

Légalement, l'instituteur est placé sous le contrôle de trois personnages : l'inspecteur d'Académie, l'inspecteur primaire, le délégué cantonal, — les deux premiers représentant l'État, le troisième la famille. Or, je crois qu'en fait ce contrôle, au point de vue professionnel, est souvent illusoire. L'inspecteur primaire me semble le seul, dans la plupart des départements, à remplir son devoir, — l'inspecteur d'Académie ayant été forcé de se transformer en agent de la préfecture, et le délégué cantonal n'existant plus, sauf en de

rares arrondissements, qu'à l'état de mythe.
Quant aux commissions scolaires nommées
par les conseils municipaux sur les indi-
cations des maires, ceux-ci en général les
mènent comme ils veulent, le plus souvent les
condamnant à l'inertie, si bien que ce n'est
pas les calomnier d'écrire qu'elles font œuvre
vaine.

Si l'on disait que la loi en France reste
lettre morte, des gens protesteraient : « Comment! tout geste, tout mot est susceptible de
tomber sous le coup de lois anciennes ou
nouvelles, et vous émettez un tel paradoxe!... »
Mais oui! on l'émet, et, pour ma part, je vais
plus loin : j'affirme, en me basant sur une
observation quotidiennement accrue de faits
probants, j'affirme qu'aucune loi n'est appliquée intégralement; je dis bien, *aucune*, et
je n'excepte point celles dont la République
se montre le plus fière, à commencer par la
plus égalitaire de toutes — la loi sur le re-
crutement. Spécialement en ce qui concerne
les lois sur l'enseignement primaire, des
doléances récentes ont fait connaître le mé-

pris où on les tient en de nombreux points du territoire. Et, me limitant à la question qui m'occupe aujourd'hui, je déclare que les lois et décrets instituant les fonctions de délégué cantonal sont nuls et non avenus. Peut-être ne voyez-vous pas grand mal à cela. Eh bien, je vous assure que la chose a son importance.

Ce qu'est un délégué cantonal, vous ne l'ignorez pas. Par définition, aux termes de la loi, le délégué cantonal représente dans l'école la famille et la société. Ce n'est pas rien. Sa mission, toute de confiance et de surveillance, s'étend à tout. Elle ne porte pas, il est vrai, sur les méthodes et les livres, mais elle juge le degré de l'instruction des enfants, de leur éducation, elle doit participer à une sorte d'enquête générale et permanente sur la marche et les résultats de l'enseignement primaire. Tel est le principe de l'institution, tel qu'il se trouve spécifié par la loi initiale de 1850 et par les instructions ministérielles subséquentes. La République, loin de renoncer aux délégations cantonales,

déjà tombées en désuétude, entreprit de les
réorganiser[1]. Elle confia de nouveau aux délégués la surveillance des écoles, publiques
ou privées, les chargeant de communiquer
aux inspecteurs primaires tous les renseignements utiles sur l'état et les besoins de
l'enseignement primaire dans leurs circonscriptions respectives.

Voilà qui est net. Il se produisit toutefois
des divergences d'appréciation sur la nature
des attributions de délégué. Elles provo-
quèrent une circulaire du ministre de l'Instruction publique, qui était à cette époque
(1887) Marcelin Berthelot.

Si j'insiste sur ces détails rétrospectifs,
c'est afin de mieux souligner l'importance attachée aux fonctions de délégué cantonal :
la société le plaçait à côté du personnel enseignant comme un tuteur vigilant.

Berthelot, se défendant de rien innover

1. Loi du 30 octobre 1886 sur l'organisation de l'enseignement primaire, décret du 18 janvier 1887 sur l'exécution de la loi précitée ; circulaire du 21 mars 1887 sur l'organisation des délégations cantonales et des attributions
des délégués.

dans la matière, précisa les attributions des délégations cantonales en se référant à la tradition et à la pensée de ses prédécesseurs, impériaux ou autres. Je résume. Le délégué est l'inspecteur de l'éducation; son inspection n'a aucun caractère technique; il ne peut intervenir dans le choix et la critique des programmes; son autorité s'arrête aux questions touchant les méthodes d'enseignement et la marche réglementaire des exercices de classe. La restriction est décisive. L'illustre chimiste la formulait péremptoirement, mais, tout de suite après, il conférait aux délégués une autorité si haute qu'elle les mettait bien au-dessus de l'instituteur, de l'inspecteur primaire, voire de l'inspecteur d'Académie : « Ils ont une mission de confiance comme représentants de la société. » Voyez-vous cet inspecteur qui n'a le droit de rien inspecter, sauf si les gamins ont appris à se moucher proprement, et qui tout de même doit représenter, patronner, surveiller, observer, signaler, dénoncer, car il dénonce et il signale ? En effet, ses rapports de visites scolaires envisagent, d'après leur formulaire écrit, « la situation privée de l'instituteur, ses charges de famille, ses relations avec les autorités locales, la considération dont il jouit dans la commune, son zèle », et de plus ils doivent contenir des *observations générales* sur l'instituteur et l'institutrice. Est-il possible, je le demande, que la nature de l'enseignement donné ne puisse rentrer, par quelque point, dans un examen aussi complet, et qui comprend en outre la tenue des élèves, l'hygiène scolaire, l'état des locaux et du matériel, etc., etc.? Cette exclusion est d'autant moins logique que, je le répète, une « sorte d'enquête générale sur la marche et les résultats de l'enseignement primaire » est mise par la loi à la charge du délégué cantonal.

Quoi qu'il en soit, la loi veut que le délégué soit un représentant actif et écouté. Par qui est-il désigné? Par le conseil départemental, dit-elle. Dans la forme, c'est possible ; en réalité, c'est le préfet qui le choisit, et ce d'après les renseignements fournis par les

maires amis de la préfecture. Ainsi, voilà la
loi viciée dans son essence : si le délégué
représente la famille, sa première qualité
doit être l'indépendance vis-à-vis de l'administration; or, puisque c'est celle-ci qui l'élit,
que devient son indépendance? Elle se trans-
forme en une complaisance qui néglige le
devoir et la vérité pour trouver sa récompense dans le ruban violet ou autres faveurs
administratives. Il est même des délégués
cantonaux qui poussent la complaisance et
l'indifférence jusqu'à se supprimer entièrement...

Les délégués, conformément au décret de
1850, doivent visiter les écoles au moins une
fois par mois; ils doivent, conformément à
la loi de 1886, se réunir au moins une fois
tous les trois mois au chef-lieu de canton
pour convenir des avis à transmettre au conseil départemental. Ce sont là des prescrip-
tions impératives : c'est pourquoi personne
n'en tient compte. Sans chercher ailleurs, et
j'aurais vite trouvé, je prends comme exemple
mon propre canton. Voulez-vous savoir de-

puis combien de temps les délégués n'ont pas visité les écoles? Je vous le donne en mille... Depuis six ans!!!

Chateaubriand accusait l'enseignement de la philosophie des lois d'enseigner l'incrédulité des lois. Il n'est pas besoin, pour atteindre à cette incrédulité, d'une cause aussi transcendante : la simple observation des faits suffit.

L'annihilation des délégués cantonaux lèse plus que la société et la famille : elle atteint les instituteurs et les institutrices. De leur influence morale, de leur autorité, la société et la famille attendaient à l'école le respect des droits et des principes sociaux. Le personnel enseignant, de son côté, espérait rencontrer en eux des témoins impartiaux, tantôt censeurs paternels, tantôt protecteurs autorisés contre les passions et les calomnies du dehors. Cet espoir évanoui, voici coupé le lien entre la famille et l'école, voici l'instituteur isolé dans sa classe, — je me trompe : face à face avec ses chefs hiérarchiques, l'inspecteur primaire et l'inspecteur d'Académie.

Il n'y a pas grand'chose à dire sur les inspecteurs primaires. En général, ils apportent dans les conflits scolaires une réserve louable. Ce sont, en somme, des inspecteurs purement professionnels, tout voués à l'enseignement, consciencieux et compétents, et qui ne veulent pas servir de tampons entre la haute administration et leurs subordonnés. Ceux-ci les écoutent et les estiment d'autant plus que les inspecteurs primaires sont, par origine, des leurs. Leurs rapports sont plus que corrects et courtois : je les vois empreints d'une sympathie réciproque. Il faut s'en féliciter.

Ainsi, délaissé par le délégué, en bonnes relations avec l'inspecteur primaire, à qui donc s'en prendra l'instituteur de ses ennuis et de ses difficultés? A l'inspecteur d'Académie, et c'est bien naturel. Ce haut fonctionnaire réunit en lui la politique et l'enseignement. C'est sur lui, le malheureux, que se reposent le ministre, le préfet, les élus, pour stimuler l'enseignement départemental, ou plutôt le personnel enseignant, ce qui n'est pas la même chose. N'est-il pas naturel qu'il soit le premier visé par les colères de l'instituteur?

L'explication de cette inimitié, quoique assez plausible, ne m'a pas suffi. Un jour, j'avais entendu un instituteur, parlant des inspecteurs d'Académie, les appeler dédaigneusement « les inspecteurs de la poussière ». J'ai donc voulu en avoir le cœur net, et, prenant mon bâton, je m'en suis allé à la sortie de l'école attendre l'un de nos instituteurs adjoints pour parler avec lui de la situation scolaire.

Il n'est pas le seul que j'aie interrogé — chez nous et ailleurs. Si je prends celui-là comme type, c'est qu'au chef-lieu il est parfaitement noté au point de vue professionnel, et que toutefois il est syndicaliste, mais rassurez-vous : pas confédéré ! Ce n'est ni un aigri, ni un ambitieux, — ce mot pris au sens où il faut l'entendre de nos jours, — c'est un homme, et voilà tout. Ses propos, la plupart de ses collègues, je le sais pour en avoir fait l'expérience, vous les tiendraient. Essayez !

11

Quand je l'abordai, les élèves sortaient de classe. Je l'entendis qui plaignait l'un deux, un pauvre être tout déjeté, tordu, scrofuleux, un de ces mal venus qui sont des vaincus de la vie avant d'avoir livré combat.

« Et chez lui, fit le maître d'école tristement, c'est la misère! Que voulez-vous qu'il devienne?»

Égoïstement préoccupé par le but de ma visite, je ne le laissai pas s'attendrir davantage :

« Voulez-vous, lui dis-je, profiter des dernières clartés du jour et faire un tour avec moi?

— Quoi! cher monsieur, ne craignez-vous pas de vous compromettre en vous montrant avec un syndicaliste?

— Peuh!... des syndicalistes, j'en ai jadis rencontré d'autres que vous, et, soit dit sans vous offenser, de plus farouches. Ceux-là se proposaient, Dieu me pardonne! de faire sauter Paris à la dynamite. Ils ne firent sauter que des ministères — pour les remplacer. Leur grandeur nouvelle rougirait si j'osais,

moi, petit bourgeois nébuleux, me permettre de les saluer. Qui sait? Dans dix ans,
vous-même, à leur exemple, vous aurez le
maroquin superbe et dédaigneux.

— Nous prêter de telles ambitions, c'est
mal nous connaître, nous, nos griefs et nos
aspirations.

— Eh bien, causons! Je ne serais pas
fâché de savoir au juste quelles sont vos
idées et de les discuter avec vous. »

TREIZIÈME LETTRE

LES INSTITUTEURS EN RÉVOLTE CONTRE L'OPPRESSION POLITIQUE

Nous suivions la route nationale. La lumière crépusculaire doucement s'éteignait. Les étoiles, une à une, pointaient, timides encore, attendant de s'être rassemblées pour s'épandre en nuée scintillante. Un vent léger balançait les branches des arbres. A peine un peu de froidure, si peu, si peu! L'automne fut printanier. L'hiver voudrait-il l'imiter? L'idée ne me plut qu'à moitié : la nature est aussi traîtresse qu'elle est belle, et lorsqu'elle affecte, dans la mauvaise saison, de sourire aux hommes, c'est souvent à la veille de les précipiter dans des commotions désastreuses[1]. Cette sombre pensée me mit-elle en défaut? Brusquement, sans mon

1. Cela fut écrit dix jours avant la fin de l'année 1908.

11*

bâton, je me fusse allongé. Je pestais, tandis que mon compagnon me calmait à sa façon :

« C'est à la même place que sont arrivés les accidents dont vous avez entendu parler.

— Quelle en est la véritable cause ?

— Pas autre chose que le sans-gêne de ces messieurs des ponts et chaussées. Voilà six mois qu'ils ont obstrué la route sur les deux côtés avec des pierres amoncelées. On y peut tout juste passer. En vain piétons, voituriers, chauffeurs, réclament à l'envi. Qui les écouterait ? Ces messieurs des ponts et chaussées sont si puissants ! Quoi qu'ils fassent, ils bénéficient d'une impunité insolente. En voilà qui ont de la chance ! Ah ! s'ils étaient instituteurs, ils la sentiraient, la férule gouvernementale, et pour des pécadilles qui, elles du moins, ne coûtent la vie à personne.

— Je vous vois venir, jeune homme... Au fait, vous qui êtes syndiqué, vous devriez prier votre syndicat d'écrire au ministre compétent : je vous parie qu'avant une semaine on nous rendrait la possibilité de circuler sans danger sur la route nationale.

— Peut-être, mais nous ne voulons rien demander au gouvernement.

— Des syndiqués intransigeants?... Et vous vous plaignez d'être traités en ennemis! Mais vous êtes des maladroits ! »

Quand nous nous fûmes garés dans un sentier plus sûr, je renouai la conversation :

« Oui, mon cher, vous connaissez mal, vos collègues et vous, la psychologie de nos hommes de gouvernement. Ce n'est pas tant le fond de vos revendications qui les gêne (au temps jadis, quand ils formaient l'opposition, quand ils ne dédaignaient aucune violence pour renverser les ministères, ils vous auraient excités à les pimenter d'un joli poivre rouge), c'est leur forme sèche et revêche. Écoutez bien ceci. La particularité du bloc républicain vient de ce que l'on n'y peut rester si l'on a la tête dure. La première qualité requise est d'être de bonne, d'excellente composition. Ce n'est pas par les angles, sapristi ! que les majorités s'arrondissent, nous en avons la preuve tous les jours. Composez, mon ami, composez, et la République sera ravie de vous rendre ses bonnes grâces. Mais, enfants terribles que vous êtes, vous lui parlez le doigt sur la gâchette du fusil, prêts à tirer. Son effroi est compréhensible. Si elle vous accuse d'avoir l'esprit infecté d'idées subversives — épithète qui revient à la mode, signe des temps ! — avouez que c'est un peu de votre faute...

— Comment composerions-nous avec des gens que nous ne voulons plus connaître ?

— Des gens ! des gens ! En somme, quels sont ceux que vous qualifiez avec un si beau mépris ?

— Oh ! ce ne sont pas les républicains, quoique d'aucuns l'insinuent. Républicains, ne le sommes-nous pas tout les premiers ? Est-ce que, par nos origines, par notre situation, par nos intérêts, sinon par nos rêves humanitaires, lesquels sont moins nuisibles qu'on ne dit, est-ce que nous n'offrons pas plus de garanties de républicanisme que tant d'élus qui dupent honteusement le suf-

frage universel ?... Ceux dont nous voulons
désormais vivre séparés, ce sont les politiciens. La distinction est capitale. Tous,
dans l'enseignement primaire, nous la
faisons.

— Vous ne la ferez jamais accepter par les
intéressés. Vous connaissez le dicton : « Quand
Auguste avait bu... » Eh bien, les politiciens
vous diront que, eux disparus, la République
est perdue. C'est le cas du buraliste révoqué
pour fraude qui soutenait que, depuis son
déplacement, les cigares ne valaient plus rien.
D'ailleurs, pour les supprimer, du moins en
ce qui concerne spécialement votre profession, comment vous y prendriez-vous ?

— Nous avons commencé.

— Ah !

— Voici deux faits qui prouvent que, soit
par notre abstention, soit par notre solidarité, nous pouvons les neutraliser. Dans un
département, une Amicale a décidé qu'aucun
de ses membres, institutrices comme instituteurs, ne s'adresserait aux hommes politiques
en quelque circonstance et pour quelque mo-

tif que ce soit. Dans un autre département,
un député, voulant se débarrasser d'un secrétaire de mairie qui le combattait, fit envoyer l'institutrice, sa femme, dans une ville
éloignée, — le mari naturellement devant
l'y suivre; mais notre homme comptait sans
la solidarité du personnel enseignant : le
poste devenu vacant fut refusé par toutes les
institutrices du département, si bien que la
titulaire dut y être réinstallée par l'autorité
académique. Que vous semble d'un pareil
exemple? »

En tant que preuve de solidarité, le fait,
en effet, était remarquable. Je concevais que
mon instituteur s'en montrât fier pour sa
corporation. Mais j'en pris texte pour entrer
au vif de la question :

« Vous me dites que les institutrices de
ce département ont réduit l'autorité académique en se coalisant pour imposer le main-
tien d'une de leurs collègues. Parfait! Cependant, si vous déjouez ainsi les plans et les
manœuvres de l'autorité académique, en quoi
celle-ci vous est-elle insupportable?

— En tout, professionnellement et politiquement parlant. Remarquez que nous ne sommes pas les ennemis des inspecteurs d'Académie par parti pris. Nous ne contestons ni leur intelligence ni leur savoir. Toutefois, si nous admettons sans discuter leur compétence dans l'enseignement secondaire, nous affirmons qu'ils ignorent à peu près toutes les questions de l'enseignement primaire. Ainsi, à ne considérer que le point de vue technique, leur suppression se justifie pleinement, à condition qu'on les remplace par un conseil d'administration primaire où nous serions représentés par nos élus. Ne croyez pas que cette suppression entraînerait une perturbation nuisible à la bonne marche des études. Voilà de longues années que je suis instituteur : pas une seule fois, monsieur, un inspecteur d'Académie n'a inspecté les postes où j'ai passé. Ces messieurs sont de trop hauts mandarins pour s'égarer dans nos pauvres petites écoles. Ils les délaissent. Aussi bien ont-ils raison. Si, par extraordinaire, ils s'y aventurent, c'est seulement pour relever en courant les taches d'encre ou les traces de poussière!

— Vous avez la critique acerbe! Mais la question technique est affaire de méthode, de système. Laissons-la de côté, voulez-vous? et plaçons-nous au point de vue administratif.

— Il serait plus exact de dire, puisque nous parlons des inspecteurs d'Académie, au point de vue politique.

— Soit! Si les inspecteurs sont devenus ce qu'ils sont d'après vous, c'est-à-dire des agents électoraux à la dévotion des députés plus encore que du gouvernement, c'est sans doute, ne l'oubliez pas, à leur corps défendant. Vous m'objectez que beaucoup d'entre eux devancent les désirs des politiciens, qu'ils se font les complices des préfets avec un empressement regrettable. Je vous l'accorde! Mais, au lieu d'en tirer parti contre eux avec implacabilité, je vous demande de les juger avec impartialité. Si vous y consentez, vous ne verrez pas dans leur sujétion seulement une preuve de courtisanerie volontaire, mais

une preuve de leur propre esclavage. Eux
aussi, ils ont une place à défendre, une
famille à nourrir, la sécurité de leur vieillesse
à sauvegarder! Les croyez-vous plus garantis
que vous autres contre le bon plaisir despotique des politiciens? Vous savez le contraire,
car vous en connaissez qui ont payé de leur
emploi leur résistance aux députés. Soyez
donc plus indulgents pour eux!

— Ainsi, monsieur, si je vous comprends
bien, nous devrions accepter que, pour se
sauver, eux, ils nous sacrifient, nous autres?
Point : à égoïstes, égoïstes et demi!... Leur
être indulgents? Mais vous ignorez quelle
pression ils exercent sur nous, à quels moyens
d'intimidation ils recourent pour nous domes-
tiquer! Ah! les bourgeois de la République,
j'entends par là les politiciens gavés, nous
traitent de révoltés. Qu'ils prennent donc
notre place! Nous verrons alors comment ils
supporteront les menaces, les vexations, les
injustices dont, chaque jour, nous sommes
l'objet — à cause d'eux, il est vrai.

— Le favoritisme crée nécessairement des

15

mécontents. Vous savez bien qu'il en est ainsi sous tous les régimes.

— Je croyais que nous étions en République, c'est-à-dire sous un régime se faisant gloire, par respect pour ses principes, de ne rien accorder à la faveur et de donner tout au mérite ?... »

Je laissai sans réplique cet ironique rappel à la vertu des démocraties. Devant mon silence, il éclata de rire, et, ma foi, je ris comme lui. Une fois sa gaieté passée, il reprit :

« Au surplus, ne faisais-je pas allusion au favoritisme. Non pas que nous n'en soyons infestés. A cet égard, nulle administration de l'État n'a rien à nous envier. Au contraire ! Nous aussi, nous avons notre « cote d'amour ». Postes recherchés, promotions au choix, récompenses honorifiques, primes en espèces, ce n'est pas le zèle qui en décide, ni la valeur, c'est la politique. Tenez ! les travaux post-scolaires sont officiellement récompensés, vous le savez, par une indemnité spéciale qui n'est que trop légitime : or, si la maîtresse ou le maître d'école qui s'y dévoue est noté

d'indépendance, aucune indemnité ne lui est
accordée. C'est là une injustice flagrante ; eh
bien, elle est courante. Des faits de ce genre,
des actes de faveur scandaleux et révoltants,
j'en connais un nombre incalculable, car les
titres chez nous ne comptent pour rien auprès
de la protection. Il en est partout de même,
direz-vous. Je l'admets et je passe condamnation sur ce chapitre. En vérité, c'est moins
de cela que nous nous plaignons que de
l'abominable tyrannie dont nous sommes les
victimes.

— Vous exagérez !

— Pas du tout. Depuis les tentatives d'intimidation jusqu'aux abus effectifs de l'arbitraire, la pression politique utilise tous les
moyens pour nous soumettre. On nous surveille, on nous épie, tels des suspects redou-
tables à la sûreté de l'État. On nous traque
sous les apparences hypocrites d'une légalité
chatouilleuse, quand on ne nous casse pas.

— Pardon ! pardon ! Des disgrâces nuisibles
à vos intérêts, à votre avancement, je reconnais que vous ne pouvez y échapper. Quant

à des mesures disciplinaires qui seraient injustifiées, il me semble que vous avez un recours efficace : le conseil départemental, où vous êtes représentés par vos pairs, par vos mandataires librement choisis.

— Librement choisis? Jugez-en. La majorité du personnel enseignant d'un département voisin fit choix, aux dernières élections, de candidats qui lui étaient chers. Un pointage sérieux garantissait leur succès, alors qu'au contraire l'échec des candidats préférés de l'administration était certain : ce sont ces derniers qui furent élus. Par quel phénomène se produisit ce résultat inattendu de tous? C'est bien simple. Les enveloppes contenant les suffrages, après être restées en souffrance durant trois jours nous ne savons où ni comment, furent ouvertes dans le cabinet du préfet, lui présent, par l'inspecteur d'Académie. Nous avons fait une enquête — le fait est incontestable. Concluez.

— Quoi! vous supposeriez ces hauts fonctionnaires capables d'avoir fraudé le scrutin des instituteurs?

— Nous les en accusons formellement. Aussi voulons-nous une réforme essentielle. Nous demandons que les élections au conseil départemental aient lieu aux chefs-lieux de canton le jour de l'examen du certificat primaire, et que le dépouillement du scrutin soit opéré le jour même sous les yeux des intéressés. N'est-ce pas ainsi que l'on procède pour toutes les élections générales, sénatoriales, législatives ou cantonales? Par conséquent, notre revendication, parfaitement conforme aux principes démocratiques, n'a rien de répréhensible.

— J'en conviens volontiers. Vous ne formulez pas d'autres revendications?

— Certes! oui. La principale concerne nos groupements corporatifs: nous demandons que l'on mette fin à la persécution dont ils sont l'objet.

— Ah! ah! voilà votre grand cheval de bataille: les syndicats!

— Nos groupements corporatifs, Amicales et syndicats, sont des associations légales de solidarité, de mutualité, et, au besoin, des

instruments de défense professionnelle et
individuelle. En les créant, nous n'avons
fait qu'user, selon notre droit de citoyens,
des lois de progrès dont la République se
glorifie. Où est le crime ?

— Dans le danger constitué par l'existence même de ces instruments de coalition
contre l'État.

— Contre l'État, non : contre les politiciens, oui. Ce sont eux qui se sentent menacés. Ils savent fort bien que la force syndi-
cale, en nous assurant l'indépendance, nous
arrache à leur domination exclusive et ta-
quine. La guerre qui nous est faite est née de
leur impulsion indirecte.

— Cependant, on vous laisse tranquilles
maintenant, puisque un ministre de l'Instruction publique a déclaré que le *statu quo*
serait observé jusqu'à ce que les Chambres
aient voté une loi relative aux associations
de fonctionnaires.

— Paroles en l'air! On ne dissout pas les
syndicats, mais on pourchasse les syndiqués.
Nous sommes mis à l'index. On ne nous ap-

pelle même plus à faire partie des jurys d'examen pour le certificat d'études : si on l'osait, on refuserait systématiquement nos élèves! Un instituteur syndiqué est un instituteur maudit. Notre syndicat doit procéder prochainement au renouvellement de son bureau. Voici comment s'y prend l'inspecteur d'Académie pour forcer les membres mis en avant à retirer leurs candidatures : l'un a été prévenu que s'il maintenait la sienne, sa fille, qui se présente à l'École normale, ne serait pas reçue; un autre, qu'on ne placerait pas sa sœur, laquelle attend un poste d'institutrice auquel elle a droit; un troisième, chargé de famille, et qui exerce dans une commune avantageuse, qu'on le reléguerait dans un trou. Voilà de quelle façon on respecte le *statu quo!* Souvent, on nous reproche de mal connaître l'histoire. Nous la connaissons suffisamment pour savoir que les gouvernements se trompent lorsqu'ils s'imaginent supprimer les mécontents en faisant d'eux des victimes, j'allais dire des martyrs.

— Oh! des martyrs, vous plaisantez.
D'abord, la République n'en fait pas : tout
au plus, quand des financiers gênent certains
de ses amis, fait-elle des faillis.

— La persécution est au niveau de la moralité des gouvernements. La République fait
de nous des révoqués et des affamés!

— Vous êtes devenus pour elle des trouble-
fêtes! Quoi d'étonnant si elle vous fait mauvaise figure? Vous n'attendez pas, je pense,
qu'elle encourage votre évolution? .

— Précisément, elle n'a ni à l'encourager ni
à l'entraver. Voyez-vous, cher monsieur, il n'y
a antagonisme entre l'État et nous qu'à cause
de l'opposition radicale qu'il y a entre lui et
nous dans la manière de concevoir le rôle de
l'instituteur. L'État républicain en est resté,
quoi qu'il dise, à la tradition autoritaire des
États monarchiques : il veut exercer, sans y
paraître, le gouvernement des esprits dans
les campagnes. Rappelez-vous la fameuse
formule de Gambetta : « L'école sera le séminaire républicain, le séminaire de l'avenir. »
L'école, en effet, l'a été, et, Gambetta avait

raison, elle devait l'être, puisque la République représentait alors un gouvernement de progrès et d'émancipation. Nos aînés dans l'enseignement primaire eurent donc raison de justifier la prédiction du tribun. Mais la situation n'est plus la même. A eux, on demandait de répandre des idées; de nous, on exige que nous défendions des personnes. Or, la République n'est plus en cause. Ce sont des factions qui luttent entre elles pour la possession du pouvoir et le partage de ses bénéfices. Les gouvernants voudraient que nous prissions parti pour eux. Nous réclamons le droit de rester neutres, si tel est notre bon plaisir. En un mot, la République nous considère comme des agents électoraux, alors que nous ne sommes que des pédagogues et que nous ne voulons plus être autre chose. Vivre en hommes libres, tel est le but élevé que nous assignons à toutes nos revendications.

— L'État vous répondra que votre liberté est limitée par les droits qui lui appartiennent de par votre sujétion rétribuée.

— Professionnellement, nous lui devons obéissance, c'est incontestable : là se limite notre liberté. En dehors de l'école, en dehors des questions touchant à l'exercice de notre profession, nous reprenons toute notre indépendance. Ce n'est pas vous qui m'objecterez que nous sommes entièrement liés par notre traitement ? Un traitement n'est pas une chaîne. Il est la juste rémunération d'un travail, rien de plus, rien de moins. Mais les politiciens ne l'entendent pas ainsi, du moins en ce qui concerne notre corporation. Ils prétendent que nous sommes obligés par notre salaire de nous faire leurs rabatteurs dans le corps électoral. Nous nous révoltons contre une pareille prétention. Soumission dans l'école, — liberté au dehors. Le corps est serf, — l'esprit est libre... »

La théorie, je l'ai dit précédemment, n'est pas nouvelle, puisque c'est celle que les ouvriers ont fait triompher avec les syndicats professionnels. N'est-il pas naturel que les instituteurs aient été amenés à les envier et à les imiter pour se soustraire à l'ingérence incessante des politiciens? Mon maître d'école ne me le cachait pas : secouer le joug des députés est le plus vif désir du corps enseignant.

Le moment de nous séparer était venu. Auparavant je voulus attaquer un sujet plus délicat; je le fis sans détour :

« Sous Louis-Philippe, les ultra-catholiques appelaient les écoles de l'État, — d'où la religion cependant n'était point bannie, — des « écoles de pestilence ». Aujourd'hui, la bourgeoisie républicaine accuse les instituteurs de tenir des écoles de haine où vous prêcheriez la guerre de classes. A-t-elle raison?

— Notre enseignement est républicain. Nous prônons devant nos élèves les principes de liberté, d'égalité et de solidarité. Si la solidarité est un principe socialiste, alors nous sommes socialistes. Quant à dire que nous faisons intervenir dans notre enseignement les théories socialistes proprement dites, cela est faux. On nous surveille d'assez près pour constater que nous nous renfermons dans les limites des programmes officiels.

— Et la morale?

— Mais l'État n'a pas de morale! soit dit sans ironie. On a soutenu jusqu'à nos jours que la religion était la base de la morale. La religion n'est pas de notre domaine. Nous ne pouvons qu'essayer de moraliser nos élèves par l'enseignement du beau et du bien. Quant à la religion, nous poussons la neutralité jusqu'à ne pas garder à l'école les élèves punis quand c'est le jour du catéchisme.

— La patrie, vous n'en dites pas grand bien, assure-t-on?

— Mensonge! Nos adversaires ont lancé cette calomnie pour nous nuire plus sûrement. Que, parmi nous, il se trouve une poignée d'exaltés convaincus, de très bonne foi, que l'idée de patrie est aussi discutable que l'idée de Dieu —sacrilège durement châtié autrefois, vous le savez, — je ne le nie pas. Mais, depuis quand, surtout dans un gouvernement démocratique, juge-t-on les sentiments d'une immense collectivité d'après les opinions d'une infime minorité? On nous accuse d'être des antipatriotes? Mensonge, je vous le répète.

La vérité, c'est que nous sommes des pacifistes, et même, si vous y tenez, des antimilitaristes.

— Les républicains repoussent cette distinction.

— Pas depuis longtemps, — deux ou trois ans au plus, — car ce sont eux qui l'ont faite. Je parle, bien entendu, des républicains qui sont au pouvoir. Nous connaissons leur passé, leurs actes, leurs discours, leurs écrits. Toute leur existence proteste contre leur attitude présente. Ils avouent, — avec un cynisme éhonté qu'un peuple plus énergique aurait déjà flétri — ils avouent que le poids d'un portefeuille de ministre les a fait pencher de l'autre côté de la barricade. Qu'ils nous laissent au moins du côté où ils nous ont mis! Ce sont eux, les premiers, qui nous ont prêché l'antimilitarisme, avec quelle force d'arguments, avec quelle éloquence, les combattants de l'affaire Dreyfus le savent, et dix années écoulées n'ont pas terni l'éclat de cette brillante campagne où l'épée d'un lieutenant-colonel leur servait de catapulte contre l'état-major de l'armée française.

— Ils l'ont oublié !

— Ont-ils également oublié, cher monsieur, que la suppression des armées perma-
nentes fut longtemps l'un des principaux articles de leur programme ? Vraiment, parce
que nous ne sommes que de modestes instituteurs, on nous prend pour de trop grands
ignorants ! Nous connaissons, tout au moins,
notre histoire contemporaine, et plus qu'on ne
pense. Nous avons lu, par exemple, les
fameux discours de Jules Simon au Corps
législatif. Vous les connaissez aussi, n'est-ce
pas ? Jules Simon était un républicain modéré parmi les plus modérés. Eh bien, peu
d'années avant la guerre de 1870, il prononçait à la tribune française de véritables ré-
quisitoires contre le militarisme, ou, plutôt,
contre l'armée. Il n'en fut pas moins, à
l'heure de nos désastres, l'un des membres
du gouvernement de la Défense Nationale.
Comme lui, nous sommes des antimilitaristes ; comme lui, et avec plus de danger, car
ce serait le fusil en mains, nous ferions notre
devoir de citoyens français si le malheur des

temps l'exigeait. Jusque-là, nous resterons passionnément attachés à notre idéal de paix universelle. Cet idéal est une illusion ? Tant pis ! En tout cas, ce fut l'idéal constant des républicains. Nous ne sommes que leurs élèves ; qu'ils ne s'en prennent qu'à eux seuls s'ils ont été de trop bons professeurs !... »

Pourquoi essayer de rétorquer une logique d'une telle netteté? Discuter les choses? Mon maître d'école m'aurait répondu par des personnalités, et il avait trop beau jeu, s'agissant des gouvernants actuels. Il lui suffisait de reprendre la dure apostrophe de M. Jaurès à un ministre démentant par des mesures arbitraires tout son passé de socialiste révolutionnaire : « Pas ça ou pas vous !... » Aussi, sans insister sur le chapitre du patriotisme, je me contentai de lui poser une dernière question :

« Vous parliez tout à l'heure de persécution gouvernementale. Il est à présumer qu'elle s'aggravera si vous accentuez votre séparation d'avec les politiciens. Dans ce cas, que ferez-vous?

— Nous sommes résolus à nous défendre. Il y aura d'abord des défaillances, nous le prévoyons. Les instituteurs ne sont pas bâtis différemment des autres hommes ! La crainte de perdre leur place intimidera beaucoup d'entre eux. Toutefois, que l'on ne s'y fie pas ! Les politiciens n'ont qu'une préoccupation : leur réélection. Songez que le personnel de l'enseignement primaire est une grande famille représentant, parents et amis compris, une masse de deux cent mille électeurs. C'est un chiffre imposant ! Les politiciens seront obligés d'en tenir compte comme aussi de la propagande à laquelle nous nous livrerions si nous y étions acculés. Républicains, oui, nous le restons : dupes des parlementaires, jamais plus ! »

Nous nous quittâmes sur ces mots. Toute la soirée notre conversation me fit réfléchir. Et, par une association d'idées bien naturelle, je me souvins de la grande dispute qui s'éleva en France après 1840 à propos de l'enseignement : devait-on le laisser à l'Église ou le rendre exclusivement à l'État ? Les avis

étaient partagés. Ledru-Rollin, quoique opposé au monopole étatiste, combattait l'É-
glise, parce que, disait-il, elle a toujours été
l'ennemie de la liberté, parce qu'elle est
opposée aux nouveautés de l'esprit humain,
enfin parce qu'elle était en guerre avec l'État :
« Le clergé, quelque temps humble et modeste, s'est fait tout à coup audacieux et
menaçant. » D'où Ledru-Rollin concluait que
le clergé devenait un ennemi dangereux ;
peut-être, s'il n'était pas sorti de son humilité... Les instituteurs, à leur tour, veulent
s'émanciper ; à leur tour, ils se font « audacieux et menaçants ». Eux, il est vrai, c'est
de la liberté qu'ils se réclament contre les
députés ; c'est pourquoi ceux-ci les com-
battent au nom de l'autorité. Mais les politiciens devraient avoir le courage de le reconnaître : ils n'asservissent l'école que pour
mieux dominer les esprits, c'est-à-dire les
électeurs.

QUATORZIÈME LETTRE

EFFACEMENT DES GRANDS PARTIS :
TRIOMPHE DES COMITÉS

Au cours d'un débat célèbre, comme Lamartine, énumérant les partis politiques, se limitait aux diverses fractions monarchistes et républicaines, un député — c'était, je crois, Arago — lui cria :

« Et le parti social ?

— Ce n'est pas encore un parti, riposta le poète, c'est une idée. »

La définition, quoique restrictive, était extrêmement flatteuse. Elle me paraît désirable aussi bien pour les partis existants que pour les partis en formation. Tout parti qui a une haute idée conductrice, qui a un idéal, soit de réaction, soit de révolution, commande le respect — son principe découlant d'une doctrine élevée et non d'un intérêt mesquin. J'ai fouillé ma province et les ré-

gions avoisinantes pour en découvrir un de
cette sorte, ou au moins un parti qui soit
représentatif d'un programme sérieux, qui
s'y tienne fièrement, qui ne coquette point
avec les adversaires par calcul électoral.
Hélas! je n'en vois pas trace.

Je dis que la province ne ressent plus à
l'heure actuelle l'influence morale d'aucun
grand parti politique. N'y aurait-il plus en
France de partis proprement dits? Leur abdication remonte-t-elle loin? Sont-ils seulement effacés ou tout à fait éteints? Revenons
un peu en arrière. Ne nous arrêtons pas à la
période des Ligues. Elle était condamnée, de
par son origine même, et malgré les rêves
généreux qui animaient quelques-uns des
combattants dans les deux camps ennemis,
à n'être qu'exceptionnelle et transitoire.
En assumant sa délicate mission de pacifi-
cation nationale, le ministère de défense
républicaine entreprit courageusement de
clore cette période agitée. L'histoire, avec
sa froide impartialité, reconnaîtra qu'il y
avait sagement réussi. Elle reconnaîtra

également que ce ne fut pas de sa faute si
son œuvre, qui laissait la France en bonne
convalescence, se trouva compromise par
une série de maladroits successeurs dont
tout le génie consista à pratiquer, avec plus
ou moins de trait, l'art de la caricature, —
sans être même admonestés (au contraire)
par les derniers pères nobles du Parlement.
Nous cherchons non des coalitions momen-
tanées, fatalement destinées à se dissoudre
après la défaite ou la victoire, mais des partis véritables : c'est dire qu'il faudrait se
reporter à l'époque des opportunistes et des
radicaux. C'est bien loin !

La province pourtant s'en souvient. Villes
et villages étaient alors l'objet d'une propagande stimulante. Avec quelle fureur les
radicaux s'acharnaient à déloger les opportunistes du pouvoir ! Ah ! le beau temps, où
l'on ne nous parlait que de la vertu des principes et du désintéressement des hommes
qui s'en drapaient ! La République radicale
succombait sous le poids de ses feuilles de
vigne. Et, peu à peu, tout cela s'est évanoui !

Opportunistes, radicaux, depuis longtemps
ces deux partis n'existent plus : le premier
a laissé dans la bataille son nom, le second
la tactique dévoratrice qui parut être durant
de longues années son unique raison d'être.
Et, phénomène étrange, tandis que les radicaux voyaient leur nom perdre à son tour
de sa valeur auprès de nos populations, au
point qu'ils jugèrent indispensable de le
galvaniser en le soudant au mot ronflant de
« socialistes », ils justifiaient leur nouvelle
politique en se réclamant dans les campagnes du patronage des grands chefs opportunistes jadis tant honnis ! Nous n'aurions
rien compris à ces mascarades d'hommes et
de choses, si nous n'en avions vu s'étaler
sous nos yeux les conséquences brutales :
les terribles frères ennemis, qui la veille
s'accusaient réciproquement de tuer la République, se fondant, non plus en un parti de
noble concentration démocratique pour faire
face à des dangers passagers, mais en un grou-
pement de politiciens coalisés pour consolider
leur caste professionnelle. Comprenez-vous

pourquoi, lorsque des parlementaires, inquiets
de notre présente tiédeur, s'en viennent chez
nous clamant que le parlementarisme est
en péril et qu'il faut bien se garder d'y toucher, — surtout pour le réformer, — nous
haussons les épaules en les regardant de
travers?

Donc de grands partis républicains, auxquels les masses seraient disposées à faire
aveuglément confiance, nous n'en connaissons plus. Certes, il y a bien, dans un autre
ordre d'idées, le parti socialiste. Mais celui-là
aussi, que d'évolutions, que de cahots n'a-
t-il pas subis!... Il obtenait chez nous, même
parmi ceux dont les suffrages n'allaient pas
à ses candidats, des sympathies éveillées. La
France n'est pas pour rien la patrie des idéo-
logues. Or, le parti socialiste se donnait
pour le représentant tout nu de la solidarité
humaine. Sont-ce ses divisions, ses querelles, ses guerres intestines, où il apparut
trop souvent que certains articles de foi col-
lectiviste servaient de tremplin plutôt à
d'orgueilleuses ambitions qu'à la réalisation

sincère des projets de rénovation sociale ?
Sont-ce les sombres exagérations de quelques-
uns de ses membres ou les défaillances dorées
de quelques autres ? Je ne sais. Toujours
est-il qu'il a perdu dans le pays pas mal de
son attraction philosophique et sentimentale.
Mais ne vous y trompez pas : je ne parle en
ce moment du parti socialiste qu'en tant que
parti politique. Quoi que pensent plusieurs
de ses élus, qui refusent en toute bonne foi
de se rendre à l'évidence, il n'est plus permis
de confondre l'action socialiste avec l'action
corporative : ce n'est plus la même chose...
Autres chefs, autres troupes.

L'esprit public a besoin d'être conseillé,
dirigé : il faut, selon les heures, le retenir
ou l'exciter. (Ce serait là parole d'hérésie dans
une démocratie de suffrage universel dont les
citoyens auraient fait leur éducation politique, mais ce n'est pas notre cas.) Les vrais
partis disparus, aucune association actuelle
ne possédant assez d'autorité sur le pays
pour lui imposer un mot d'ordre, une discipline, comment les politiciens agissent-ils,—

en plus de la pression administrative, — sur
le corps électoral ? C'est de quoi se chargent
les coteries dont chacun d'eux est le syndic :
elles forment des comités qui deviennent
entre leurs mains autant d'instruments de
domination.

L'honneur des anciens partis, leur ambition était de tenir les esprits en haleine : le
but des nouveaux comités est de tenir les
électeurs en tutelle. La mission des premiers consistait à créer une opinion : la
tâche des seconds se ravale à fabriquer une
clientèle. On ne fait plus de la propagande
désintéressée pour « la cause » : on racole
sans vergogne des mercenaires au service
d'une candidature. La différence est capitale ;
elle explique à son tour la dissolution des
mœurs politiques. Peut-être en est-il des
vieux comités comme de tant d'autres choses
qui furent la force, la noblesse du parti républicain : une victoire trop complète, en
leur assurant la faveur avec l'impunité, les a
transformés et énervés.

Un comité d'autrefois réunissait de fermes

adhérents au programme d'un parti défini.
Quelque vieux militant respecté le présidait,
ou bien l'un de ces jeunes enthousiastes
dont *la Marseillaise* avait bercé les premiers
rêves. Nul néophyte n'y était admis dont les
opinions semblaient douteuses. D'ailleurs, les
postulants ne foisonnaient pas ; on se montrait au doigt, dans les petites villes, les
membres du comité, les *rouges*, comme les
qualifiaient patrons, commerçants, bouti-
quiers, retraités, bonnes femmes qui allaient
à confesse. Les rouges ! Ne souriez pas : les
partisans d'un Jules Simon en méritèrent le
terrible renom à l'égal des admirateurs d'un
Gambetta. C'est vous dire s'il fallait alors
avoir des convictions, du courage, pour se
faire inscrire à de telles réunions politiques !
Oh ! je ne jurerais pas qu'il ne se glissât
point parmi les convaincus quelque risque-
tout attiré par le goût de la bataille plus que
par ses fins. Mais c'est là précisément une
pierre de touche : lorsqu'un parti fascine les
généreux et les impulsifs, c'est qu'il sent la
poudre, odeur plus vivifiante que le relent

des antichambres où les jeunes courtisans de nos démagogues sanctifiés brûlent leur encens.

Les comités d'aujourd'hui représentent, non plus la politique d'un principe, mais la politique d'un homme. Le conflit des intérêts particuliers ayant remplacé le conflit des idées générales, l'on s'y entraîne uniquement à cabaler au profit des individus. Aussi chacun y peut-il entrer sans offrir de garanties d'opinions. En ces chapelles vouées par calcul au culte exclusif des maîtres du jour, ce n'est pas la fermeté des convictions ni des sentiments qui importe, c'est l'esprit d'intrigue. Il y règne souverainement. Et là, pas de *citoyens :* rien que des hommes liges s'imposant aux autorités administratives au nom du député qu'ils servent — et qu'ils exploitent. Maintenant, faire partie d'un comité, c'est un moyen certain de parvenir à quelque emploi, d'obtenir quelque faveur. C'est pourquoi ce sont des assemblées extrêmement bigarrées : d'anciens révolutionnaires s'y coudoient fraternellement avec d'anciens réactionnaires, occupés à par-

tager entre leurs clans la manne ministérielle qui leur arrive sous des espèces variées.
Foyers d'intrigues, foyers de corruptions, —
foyers de dénonciations !...

Regardez ce tableau pris sur le vif. Nous
sommes à la préfecture d'un des principaux
départements de France ; ce n'est pas un
chef-lieu sacrifié, c'est une très grande ville,
presque une capitale de province. Trois
hommes attendent de compagnie dans l'an-
tichambre de M. le secrétaire général. Leur
air assuré est de gens importants : en effet,
importants, ils le sont, car vous avez sous les
yeux le président, le trésorier et le secrétaire
du comité gouvernemental d'un chef-lieu de
canton voisin. Mais les voici introduits ensemble chez le haut fonctionnaire. Saluts et
courbettes des deux côtés. Le président parle,
comme il convient, le premier ; de sa poche
droite, il tire un carnet, et, le lisant, il cite
des noms, ils formule des réclamations, il
exprime des désirs, — il transmet les volontés
du comité : celui-ci attend de la bienveillance
préfectorale qu'il soit fait justice aux cama-

rades et amis dont il vient d'être question. L'intérêt de la République l'exige ! M. le secrétaire général saisit sa plume, et, soigneusement, il prend les notes nécessaires. Tout souriant, le président remet le carnet dans sa poche droite, puis, mystérieusement, de sa poche gauche, il en tire un autre, tandis que sa voix passe de la surprise éplorée à l'indignation : ce second carnet, lui aussi, contient des noms, mais ceux-là sont les noms des ennemis de la République, de ces hommes dangereux sur lesquels le comité réclame avec énergie l'active surveillance de l'administration... M. le secrétaire général, de nouveau, saisit sa plume, et, aussi soigneusement, il prend les notes nécessaires. Épanoui, le président remercie au nom du comité, au nom de la République : il ne manquera pas de signaler au député avec quel zèle le haut fonctionnaire remplit sa fonction... C'est le tour du trésorier, c'est le tour du secrétaire; avec les deux acolytes, la même scène recommence ; chacun sort d'abord son carnet de recommandations, en-

17*

suite son carnet de délations : à chaque fois,
ô tristesse ! M. le secrétaire général prend
sa plume, écrit... Le trio achève enfin sa
mission de salut public. Comblé de promesses, de prévenances, il s'en va, salué
par celui-ci, salué par celui-là. Saluons
aussi : c'est la République radicalo-sociale
qui passe !

De telles gens, quelle influence attendre ?
L'influence qu'inspire la peur aux besogneux
et aux timides. Elle s'établit par l'audace,
elle s'exerce par l'oppression. Tout gouvernement qui l'utilise compromet sa répu-
tation autant que sa sécurité. Le pays supporte en silence ces grotesques tyrans
subalternes, mais il en ressent de l'humeur.
Comme il est tout de même doué de raison,
il réfléchit que ce sont là de simples complices dont l'insolence usurpatrice disparaî-
trait si le pouvoir cessait de l'encourager. Il
rejette donc la responsabilité de cet état de
choses sur les hommes politiques : ne font-
ils pas des comités la cheville ouvrière de
leur prépondérance ?

La plupart des comités dont je parle sont purement locaux : leur étroit égoïsme les rend autonomes. Pour la forme, en temps d'élections, ils se disent affiliés à l'une des associations parisiennes, et bien entendu à celle qui s'adapte aux calculs de leur député. Du coup, ils se donnent pour les porte-parole d'un comité central de Paris, dont l'estampille les aidera, pensent-ils, à peser sur les électeurs rebelles à leurs propres manœuvres. Ils placardent de beaux manifestes signés de noms plus ou moins connus, mais pour eux c'est toujours de cuisine électorale qu'il s'agit, autrement dit de piper les voix de leurs concitoyens.

L'existence de pareils comités aura-t-elle un terme? Je veux l'espérer. Non que je méconnaisse la nécessité pour les partis de disposer d'une organisation étendue dans les provinces. Au contraire, je désire, et beaucoup de républicains avec moi, que l'on revienne aux traditions des associations politiques qui ont répandu en France, pendant le dix-neuvième siècle, l'idée républicaine. L'his-

toire a gardé le souvenir des plus célèbres.
Selon les régimes établis, leur propagande
prenait une forme légale ou illégale. Mais,
sociétés secrètes ou avouées, elles s'adres-
saient toujours à l'esprit et au cœur. Les
comités actuels frappent au ventre : c'est un
peu trop grossier pour mener longtemps un
grand peuple épris d'idéal et de beauté.

QUINZIÈME LETTRE

LA NATION CONTRE LES POLITICIENS

Je ne pousserai pas plus avant cette esquisse de la France républicaine d'aujourd'hui. Non que je prétende avoir épuisé le champ d'observations qui s'offrait à moi. L'on y pourrait récolter, je le sais, une plus ample moisson. Volontiers j'y tâcherais, au risque de me déchirer les mains aux épines et aux chardons, si je ne m'étais proposé que d'indiquer ici, par quelques traits, les conséquences sociales des mœurs politiques en honneur.

Depuis deux ou trois ans, il est admis, même dans les milieux républicains, de pressentir, d'annoncer une « crise ». Ne vaut-il pas mieux, au lieu de lever les bras en l'air et de larmoyer, s'efforcer de découvrir les raisons de cette inquiétude, afin de prévenir, lorsqu'il en est temps, ce que l'on redoute?

Je n'ai pas voulu faire autre chose, et je m'y suis essayé d'une plume sincère, sans e rit systématique, sans idées préconçues 'il ressort de mes modestes notations que la dissolvante température morale du pays à l'heure actuelle paraisse être la résultante d'un parlementarisme falsifié, dévoyé, décrié, je n'y puis rien : il n'y a qu'à regarder, à écouter, pour être forcé de conclure comme moi.

Plusieurs abonnés du *Temps* m'ont fait l'honneur de m'écrire, les uns pour m'approuver, les autres pour me blâmer. Les premiers voulaient bien me féliciter de mettre la République en garde contre ses propres fautes. Les seconds, tout en reconnaissant l'exactitude de mes observations, me reprochaient de faire le jeu de la réaction. Censeurs et approbateurs, je leur dois à tous des remerciements pour l'attention qu'ils ont daigné accorder à mes lettres. Je ne saurais mieux leur témoigner ma gratitude, puisque je cause avec eux aujourd'hui pour la dernière fois, qu'en donnant librement à cette étude politico-sociale les considérations finales qu'elle comporte.

Auparavant, moins préoccupé d'un souci personnel que d'une question de principe, je répondrai à l'interrogation intime à laquelle m'ont incité certains lecteurs. En dépeignant les mœurs établies par les républicains de carrière, car c'est devenu une carrière, et parfois lucrative, d'être ou de se dire républicain (républicain de la coterie, parbleu!); en consignant des vérités désagréables à une sorte de politiciens, ai-je servi les contempteurs de la République parlementaire, ai-je fait œuvre d'ennemi de la Constitution?... Eh bien, j'ai beau m'interroger, j'ai beau me tâter, je me retrouve républicain comme devant, ayant peut-être, quoique obscur, plus de titres à ce nom que tant d'aventuriers en place, qui ne se jetèrent sur les appas de Marianne qu'après avoir vainement tenté de la livrer à la soldatesque d'un quelconque Césarion.

Mais écoutez cette anecdote. Au milieu du siècle dernier, les États romains étant troublés par un mystérieux bouillonnement, le pape Grégoire XVI reçut un plan de gouvernement destiné à conjurer la révolution menaçante. Il le communiqua aux cardinaux : « Laissez cela, lui firent superbement les princes de l'Église, laissez cela et renvoyez-le au jacobin qui vous l'a envoyé. » Le Saint-Père se soumit, et peu d'années après, Pie IX à peine élu, la tiare pontificale trébuchait dans un formidable soulèvement populaire. Or, le jacobin dont les cardinaux avaient méprisé les avis, c'était — vous allez rire — l'ennemi le plus ardent de la révolution, le monarchiste le plus absolutiste qu'ait connu le dix-neuvième siècle : c'était Metternich. L'homme d'État racontait l'anecdote avec tristesse : « Ce n'était pas une constitution, disait-il de son programme stratégique repoussé par Rome, à peine un projet de réformes, enfin c'était, comme vous le pensez bien, la chose la plus innocente du monde. » Sur le chapitre de la modération, on pouvait s'en rapporter à lui !

Pas plus que l'illustre diplomate n'était un

jacobin parce qu'il voulait dessiller les yeux
d'un pape aveuglé, je ne suis, moi chétif, un
réacteur parce que je crie à mon parti déli-
rant et courant à sa perte : Casse-cou! Et
quant à savoir si le devoir d'un républicain
ne serait pas d'étendre sur la République
titubante le manteau de Noé, je réponds
qu'elle a dans sa jeunesse déchiré assez de
voiles sans pitié pour n'avoir pas le droit,
aujourd'hui, de réclamer pour ses propres
erreurs la protection d'une pudeur hypocrite.
Il fut un temps, en effet, où le parti républicain revendiquait la liberté de publier la
vérité, toute la vérité, sur n'importe qui, sur
n'importe quoi. C'était sous le second Empire. Alors, par exemple, il avertissait cru-
ment le pays des périls militaires, des périls
extérieurs, et comme les bonapartistes qualifiaient ses divulgations de crimes contre la
patrie, il entrait dans une indignation violente : « Il y a, protestait en son nom Jules
Simon, il y a un faux patriotisme qui consiste à cacher ses plaies, et un vrai patriotisme qui consiste à les constater et à cher-

cher à les guérir. » Je suis resté dans la tradition de mon parti en appliquant au républicanisme sa théorie sur le patriotisme.

Au surplus, lorsqu'un peuple est tourmenté par des ferments de dissolution, à quoi bon déguiser la vérité, à quoi bon s'aveugler sur les choses? Ce n'est pas le silence qui sauve les gouvernements, alors qu'au contraire l'ignorance du sentiment public risque de les perdre. Le leur découvrir n'est point le fait d'un adversaire, pas plus que celui d'un homme qui céderait à je ne sais quelle perverse vanité de geindre et de prêcher. C'est le droit de tout citoyen qui aime son pays et ses institutions. Or, n'est-il pas vrai que, de nos jours, lorsqu'on observe la France d'un regard lucide, on la sente palpiter sous le coup d'une fièvre obscure? Quiconque n'a aucun intérêt à se leurrer sur son état doit convenir, s'il est impartial, qu'elle traverse une période critique, soit qu'elle entre dans une crise morale, soit qu'elle se prépare à une crise politique. Dans l'un ou l'autre cas — mais il y a connexité entre les faits moraux et les faits physiques — le devoir des gouvernements est de rechercher les fautes qu'ils ont pu commettre et le moyen de les réparer à temps. La République peut procéder à un pareil examen sans en rougir. En tant que gouvernement d'opinion, de discussion, ce n'est pas dans la reconnaissance de ses erreurs qu'il y aurait danger pour elle, ce serait dans son obstination à y persévérer.

La faute initiale — les autres en découlent — la faute capitale fut de fausser le régime parlementaire. Au lieu de le pratiquer conformément à la vérité constitutionnelle, on l'appropria bassement à la domination des partis : au bien de la nation, on substitua l'intérêt des politiciens. Quand on sait par qui fut préméditée cette transformation dégradante, par quel parti elle fut réalisée, et l'histoire des trente dernières années ne permet pas de s'y tromper, on a le droit de penser que les grands chefs opportunistes (par malheur tous disparus!) ne furent autant combattus qu'à cause de la résistance qu'ils

lui opposèrent de toute leur âme, de tout
leur cœur. Eux, du moins, imbus des vrais
principes républicains, ils luttaient contre la
confusion des pouvoirs, ils défendaient les
prérogatives gouvernementales, ils plaçaient
l'autorité devant la République comme un
rempart contre les démagogues qui lui don-
naient l'assaut pour la piller à leur aise. Ils
échouèrent dans leur tentative généreuse,
succombant aux coups mortels d'une haine
égale à l'infernale férocité de Peaux-Rouges.
Ces citoyens rêvaient de voir la République
régner pacifiquement, respectée et honorée,
sur la nation entière : les autres ambition-
naient de régner eux-mêmes sur la démocratie française par une oligarchie à la fois populaire et tyrannique. Ils triomphèrent. Là
est l'origine de la situation présente. Car
c'est alors qu'a commencé de se fonder,
d'abord avec prudence, puis avec licence, l'institution inconstitutionnelle et immorale qui
est devenue insupportable au pays républicain, qui lui apparaît comme une menace
pour ses libertés et pour sa tranquillité, celle

que j'appelai l'autre jour la caste parlementaire.

En constatant l'antipathie inspirée actuellement par cette caste, je mets à vif la plaie
dont souffre la République. En soi, quelque
déformée que soit son image, la République
garde l'affection des masses : leur scepticisme,
leur détachement visent moins la forme du
régime qu'une forte partie du personnel qui
le dirige. Distinction aussi importante que
justifiée. Elle doit rassurer les républicains
de principe, et je veux les croire encore en
majorité. Mais, au lieu de dissimuler l'opposition grandissante entre l'idée et la réalité
par crainte de soulever la colère des républicains de profession, — lesquels ont pour tactique de prétendre que toucher à eux, c'est
toucher à la République, — il leur appartient
de la rendre visible à tous les yeux, afin de
prévenir un malentendu qui pourrait être
désastreux. Aussi bien, s'en taire, quelle
précaution inutile! Les sourds et les aveugles
restent les seuls à ignorer les véritables sentiments de l'opinion publique à l'égard des

membres du Parlement. Si les observations que j'ai notées au cours de ces lettres sont exactes (combien de lecteurs m'écrivaient que j'étais au-dessous de la vérité!), n'est-il pas vrai que les députés ont perdu dans nos provinces l'autorité morale attachée à leurs fonctions? N'est-il pas vrai que si, dans les départements, dans les arrondissements, ils exercent un pouvoir usurpateur et jaloux, c'est qu'ils ont enchaîné les intérêts et pétrifié les cœurs? Ah! oui, dispensateurs de la justice et de la faveur, les parlementaires le sont ostensiblement. C'est pour cette raison qu'on les flatte enco   et qu'on les craint. Mais on ne les aime pas et on souhaite leur chute. Qui s'en étonnerait? Il n'ont faussé le régime que pour mieux subordonner à leur égoïsme intéressé la vie des citoyens, ils n'ont régné qu'en excitant les mauvais instincts, en drainant les appétits, si bien qu'en dépit des lois de progrès et d'égalité installées dans les mœurs par la République, la nation est désenchantée. Par bonheur, dans ce trouble des esprits, la raison populaire n'accuse, je le répète, que les politiciens. Mais il n'est que temps d'aviser.

Nul homme sérieux ne supposera, ce serait un stupide contresens, qu'une République démocratique puisse vivre sans système parlementaire : autant la condamner à se mouvoir dans les nuées. Les États monarchiques eux-mêmes ont concédé à leurs peuples des garanties constitutionnelles et des libertés publiques, toutes conditions qui ne produisent leur effet que par la responsabilité ministérielle placée sous le contrôle parlementaire. La force des choses veut donc qu'une nation, pour défendre ses droits et son patrimoine, se choisisse des représentants. Mais elle va directement contre son but, elle compromet sa liberté, sa fortune, son avenir, en un mot elle abdique, si elle supporte que les représentants issus de son suffrage, s'emparant d'un pouvoir qu'elle ne leur a pas consenti, la gouvernent en maîtres souverains. C'est le cas de la France. Notre Parlement, s'étant adjugé une prépondérance excessive, est omnipotent. Élu pour légiférer, il admi-

nistre. Il annihile les ministres, il impose
ses volontés à leurs agents, il s'immisce dans
toutes les affaires, qu'il s'agisse d'armée, de
justice, d'industrie, de banque, enfin il outre-
passe tellement sa mission, il la remplit
avec un tel mépris des intérêt de l'État et des
droits du citoyen qu'on dirait d'un vainqueur
exploitant un pays conquis. Ce n'est pas là
le parlementarisme conforme à l'idéal républicain : ce n'en est qu'une contrefaçon avi-
lissante.

Je ne veux pas insister.

Personne ne nie qu'il ne soit urgent de réformer les mœurs implantées par les politiciens. Comment s'y prendre? C'est à la ra-
cine qu'il faut porter les premiers coups de
cognée. La politique est devenue un métier
gentiment rétribué. Les candidats, alléchés
par les quinze mille, se feront de plus en
plus nombreux. Tout citoyen a le droit de se
mettre sur les rangs; on ne peut s'élever là
contre, car c'est l'une des conditions du suffrage universel. Tout au plus pourrait-on
s'étonner de voir le premier ignorant venu

admis à régenter sa patrie, alors que la démocratie, rendant hommage au mérite, multiplie les concours, les titres à exiger pour le plus mince emploi. Le suffrage universel, dira-t-on, constitue lui-même un concours dont le peuple est le souverain juge. En théorie, oui; en pratique, non : la fraude, sous cent aspects divers, y joue un trop grand rôle. Gambetta avait ses motifs pour poser en axiome que tout l'avenir de la République dépend de son système électoral. On s'aperçoit aujourd'hui qu'il n'avait que trop raison. Ce parlementarisme pléthorique qui nous étouffe, qui est la cause principale de nos maux, vient du scrutin uninominal. Qu'on le supprime donc! Ce sera un acheminement vers l'indispensable rénovation républicaine.

D'autres réformes seront nécessaires. La République, je le crains, n'y procédera que sous la menace du danger. Et, toutefois, cette perspective ne m'effraye pas trop. Je m'explique. La sécurité endort à la longue les gouvernements, si elle ne les corrompt.

Ayant brisé toutes les résistances, n'étant plus sur le qui-vive, faisant fi de la légende qui justifia leur avènement, ils se croient tout permis, et, indifférents aux murmures, ils se jugent éternels. Cependant que les voluptés du pouvoir les alanguissent, ils ne distinguent pas le parti anonyme qui se forme petit à petit dans le pays, en dehors d'eux et contre eux. Mieux leur vaudrait un assaillant déclaré. La République se fait gloire d'avoir pulvérisé les anciens partis réactionnaires. De fait, il n'y a plus ni prétendant ni opposition dynastique. Est-ce un bien? Le vieux Littré écrivait, au lendemain d'une disparition dont les républicains se réjouissaient, que rien n'est plus salutaire qu'une menace toujours présente et le frein auquel la vigilance redoutable d'un ennemi acharné nous soumet. C'était l'avis de deux grands hommes d'État. En juin 1879, le jour où Paris apprit le drame du Zoulouland, un ami de Gambetta, frappé de le voir soucieux, le questionna : « Nous venons de faire une grande perte, répondit le tribun, c'est celle du prince impérial. Il eût été précieux de l'avoir longtemps à la frontière pour inspirer de la sagesse à nos amis. » Quatre ans plus tard, en août 1883, Jules Ferry, président du conseil, se trouvant en vacances à Saint-Dié, écrivait à Waldeck-Rousseau, ministre de l'Intérieur, resté à Paris pour veiller au grain : « Nous allons apprendre demain la mort du comte de Chambord. Je ne crois pas à des conséquences politiques immédiates, mais il importe d'avoir l'œil ouvert sur les successeurs de cet homme *si utile et si regrettable.* » C'est moi qui souligne, et vous comprenez pourquoi.

Se trouvera-t-il un prétendant sérieux pour se dévouer, malgré lui, au salut de la République?... Fasse la fortune de la France que les politiciens n'attendent pas cette extrémité pour s'amender! L'histoire leur enseigne que le régime parlementaire n'a jamais été mis en péril que par lui-même. En pleine effervescence boulangiste, Challemel-Lacour leur rappelait, dans une admirable harangue, qu'il n'y a pas de gouvernement qui soit complète-

ment innocent du succès de ses adversaires
ni de la désertion de ses amis. Après le boulangisme, ils ont eu le nationalisme. A quoi
vont-ils maintenant?...

« J'ai besoin d'un héros! » s'écriait le
poète. Les héros ont arraché trop de larmes
aux mères françaises. Nous, qui ne sommes
pas des poètes, mais qui avons passionnément
admiré l'épopée révolutionnaire, nous, républicains, qui, fidèles à nos ancêtres, chéris-
sons toujours la justice, le droit, la liberté,
nous avons besoin de moins et de mieux :
par amour des principes, nous voulons *des
hommes.*

DE LA

TROISIÈME RÉPUBLIQUE

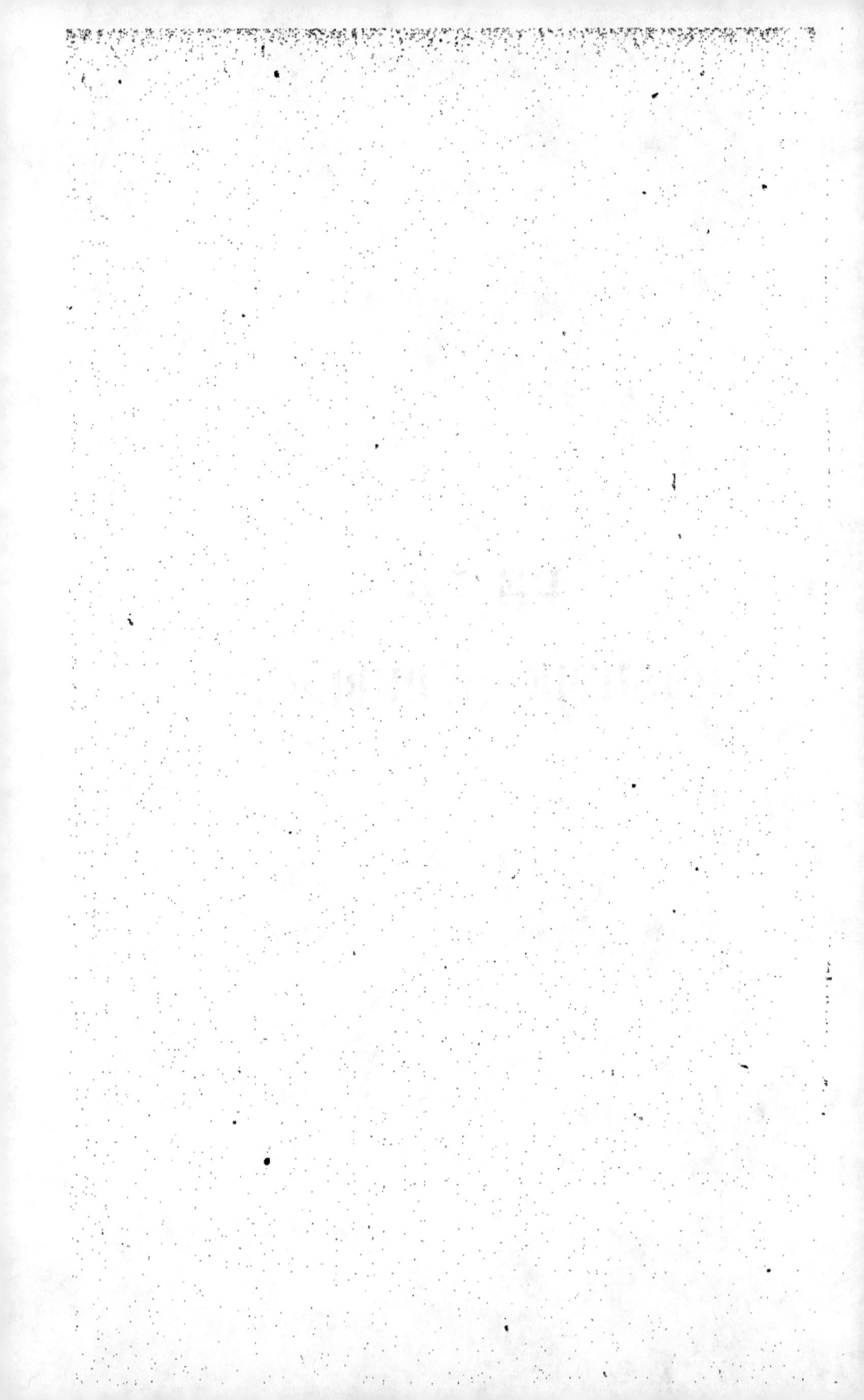

LA QUATRIÈME CRISE DE LA RÉPUBLIQUE [1]

L'heure est de tension aiguë pour les observateurs qui, froidement, happent l'Histoire au passage...

La République est le premier gouvernement en France, depuis Louis XV, qui ait réussi à franchir la trentaine. Ce n'a pas été sans traverser des crises très graves. Mais elle en est toujours sortie si victorieuse qu'à chaque fois elle parut rajeunie, fortifiée, plus redoutable à ses adversaires. La dernière secousse ne compte pas deux lustres : elle était vers 1900 si complètement effacée que l'Europe en demeura stupéfaite d'étonnement et d'admiration. Sans violences, par l'unique compréhension de l'art de gouverner, un homme d'État d'une intelligence supérieurement équilibrée, d'une habileté merveilleuse,

[1]. Cette étude fut inspirée par la révolte éclatée dans le Midi au printemps de 1907.

avait en un tour de main sauvé son pays
d'une révolution menaçante. Et voilà l'é-
trange : lui à peine disparu, ses successeurs
ont si bien travaillé qu'au bout de cinq ans
il semble ne plus rien subsister de son œuvre.
Alors qu'il avait reconcilié les esprits, pa-
cifié la rue, l'on voit soudain avec effroi se
manifester dans la haine et dans le sang des
symptômes éclatants de dissolution sociale.

On ne peut s'y tromper : ce sont les pro-
dromes d'une nouvelle crise, — la quatrième
depuis l'établissement de la Constitution.
Or, la question est de savoir si celle-ci qui
débute par des émeutes tragiques, énervant
un organisme surmené, trop souvent boule-
versé déjà, ne l'épuisera pas jusqu'au dernier
souffle. Sans doute on ne saurait procéder
en pareille matière que par hypothèse; et,
tout de même, si l'on prend la peine de
comparer le temps présent avec les autres
époques troublées du régime, une consta-
tation frappante s'impose aussitôt : la différence essentielle des effets et des causes, la
nature très spéciale du mouvement actuel,

qui apparaît moins le résultat d'une sédition régionale que le signe d'une désagrégation générale.

Ordre moral, boulangisme, nationalisme, ces trois premières décennales, — car c'est à peu près tous les dix ans que la République subit ses accès de fièvre chaude, — eurent comme principe directeur une attaque ouverte contre les institutions. Le but de l'entreprise était, selon les circonstances, avoué plus ou moins franchement. Mais il est indéniable qu'après le flottement des premières escarmouches le plan de la bataille se dessinait avec une telle netteté qu'il n'y avait plus en présence, sauf quelques individualités tiraillant en ordre dispersé, que deux partis : celui qui défendait la République, celui qui lui donnait l'assaut. Dès lors c'étaient des commotions purement politiques. Les têtes s'échauffaient, les esprits s'enflammaient, mais à y bien regarder, et les suites l'ont démontré, l'agitation du pays n'était que superficielle. Les foules ressentaient, certes, comme une ivresse passagère, mais elle était provoquée par le seul fait de remarquables agitateurs ; l'enthousiasme sincère, le seul capable d'exciter à une action durable, y était étranger, si bien que, la griserie dissipée, le pays retombait vite à l'indifférence, à l'apathie : il n'avait pas été mordu au cœur.

Pourquoi, aujourd'hui, les événements gardent-ils une tournure alarmante? Pourquoi, même après une sanglante répression, la plus terrible qui ait été sciemment ordonnée depuis la Commune, — à tort ou à raison, ceci n'est pas notre sujet, — pourquoi l'anxiété persiste-t-elle, répandant une sombre angoisse aussi bien au Nord qu'au Midi? Oh! la réponse est très simple : c'est que la situation puise ses origines ailleurs que dans une cabale politique. Sans doute, l'on tentera, l'on a déjà tenté de donner le change; il se pourrait que les agents du gouvernement, zélés, stylés, parvinssent à échafauder un complot, à moins qu'ils n'y échouent honteusement comme cela leur est arrivé deux ou trois fois depuis un an. Efforts inutiles : per-

sonne ne sera dupe de cette diversion. On
rapporte ce mot récent d'un membre de la
Maison de France : « A quoi bon nos amis
formeraient-ils des complots? C'est bien inutile. Les événements travaillent pour nous :
avant peu, les esprits feront de même. »
Parole très juste quant au trouble des esprits,
sinon aux conséquences qu'il pourrait avoir.
Nous ajouterons que la meilleure des choses
pour la République serait l'entrée en scène
des réactionnaires : alors une grande joie
éclaterait place Beauvau, et l'on aurait tôt fait
de galvaniser l'appareil de la défense républicaine.

Une manœuvre de ce genre, quelque ingé-
nieusement organisée qu'elle fût, ne réussi-
rait pas à écarter les multiples difficultés où
se débat le gouvernement. Ce à quoi nous
assistons, c'est bel et bien une véritable
révolution dans les habitudes implantées
en ces trente dernières années. Les politiciens étaient devenus les maîtres incontestés
du pays. Ils avaient institué une sorte d'oligarchie toute-puissante, à l'autorité de laquelle

rien, ni personne, n'échappait. Par les ministres asservis, par les préfets domestiqués, par des bandes innombrables de commis plus ou moins officiels, ils tenaient la France, ils la menaient. Qui prétendait se passer d'eux, se trouvait annihilé ; qui leur résistait, brisé. Dans les petites villes, les campagnes, l'on était suspect, et c'est tout dire, si, ayant son franc-parler, l'on commettait par surcroît le crime de vivre libre et indépendant. En tout, partout, la politique régnait, et quelle politique, ô dérision ! Un ensemble de pratiques décorées de grands mots, dont le but réel était de maintenir la domination exclusive de la « coterie », d'assurer à ses séides le bénéfice des faveurs et des avantages administratifs, tout un système d'exploitation jalouse, rapace, qui a transformé la République en une misérable tontine ayant son siège social au Palais-Bourbon. Là, encore ces jours derniers, tout aboutissait, et les députés y trônaient comme les intermédiaires indispensables, les suprêmes dispensateurs de la manne nationale.

Tout à coup, des départements entiers se soulèvent, et, quel prodige ! non seulement les politiciens qualifiés ne sont pas les fauteurs de cette explosion, mais elle éclate, malgré eux, contre eux. D'ordinaire, qu'une douzaine de braillards s'assemblent en tumulte, ici ou là, ils accourent de Paris, enflammés, gesticulant, approbateurs ; cette fois, sur les routes sinistres de la misère la faim pousse les électeurs par centaines de mille, et de leurs poitrines desséchées s'échappe une si furieuse clameur de colère et de mépris que les députés, atterrés, restent cloués dans leur terrier parlementaire. — Selon les journaux, un député du Nord engageant un député du Midi à aller dans le Languedoc prêcher le calme, l'autre de riposter : « Pour nous faire massacrer !... » Cet aveu est significatif et, aussi, quelque peu différent du sublime mot de Baudin : « Vous allez voir comment on se fait tuer pour vingt-cinq francs par jour ! » Il est vrai qu'aujourd'hui les honorables en touchent plus de quarante... — L'oligarchie est entamée, le discrédit la mine.

Ce discrédit du Parlement, certain, una-
nime puisque les opinions les plus opposées
se confondent dans un même sentiment,
voilà une grosse nouveauté. (Encore une fois,
il n'y a rien de similaire, la démonstration
en serait trop facile, entre le présent état
d'esprit et celui qui accompagna les campagnes du boulangisme, du Panama, etc...)
L'on tâche en certains milieux d'en fournir
des explications subtiles, voire, hélas! quelque
peu abominables. Comme Paris a été tenu à
l'écart du mouvement des vignerons, comme
la révolte, née du sol, s'est développée en
soi, — c'est une autre particularité à méditer
par tous les comités *centraux* de Paris, les
modérés et les révolutionnaires, — on a res-
suscité le spectre du séparatisme, du fédéra-
lisme.

Ce n'est pas sérieux : nos compatriotes du
Midi sont aussi bons Français que nos compatriotes du Nord. Il est triste que les politiciens menacés descendent à employer de
pareils arguments. Passons! Un autre épou-
vantail à agiter, c'est, nous l'avons dit, la

réaction. En vérité, l'on n'eût jamais soup-
çonné M. Ferroul, socialiste reconnu, d'être
un royaliste aussi résolu, ni les conserva-
teurs de disposer à ce point d'une région
jusqu'alors réputée l'imprenable boulevard
de la République. Quels cachotiers, ces réactionnaires ! Alors, l'unique cause qui s'impose
étant la vraie, c'est-à-dire une crise économique, les politiciens de s'indigner, de s'ex-
clamer : « Et les principes ? Et le respect de
la loi ? Et le devoir civique ?... » Ah ! pauvres
gens, vous êtes tout de même bien naïfs !

Ces départements qui crient famine, qui
s'insurgent contre la loi parce qu'ils sont
ruinés, où l'on envoie des corps d'armée
chargés de protéger les percepteurs (vous
souvenez-vous des anathèmes jetés aux
anciens fermiers généraux durs à recouvrer
l'impôt ?), ces départements, par une apparente contradiction, c'est de la loi elle-même
qu'ils attendent le remède à leurs maux.
Sans doute ils veulent une loi spécialement
faite pour eux, d'ailleurs justifiée, affirment-
ils, ce que nous n'avons pas à examiner ici.

Mais cette exigence même révèle un singulier état de mœurs. Les vignerons provoquent
un déchaînement formidable, ils suspendent
la vie publique, ils bafouent leurs représentants, ils défient l'État, et qui implorent-ils?
L'État lui-même. On pense aux paysans
d'autrefois soupirant : Si le roi savait! Le
peuple d'aujourd'hui gronde : Si le gouvernement voulait! C'est le même esprit. La foule
continue d'attendre tout du Pouvoir; jadis
elle le suppliait des siècles durant, maintenant
elle le menace, et, s'il résiste, elle le broie.
Ce n'est pas aux lois qu'elle en veut, c'est à
ceux qui les font — ou qui ne les font pas
à temps, ou qui, débordés, se trouvent obligés
d'avouer qu'il y a des phénomènes au regard
desquels la loi est impuissante!

Ainsi les députés commencent de sentir
leur faute capitale. Ils ont inculqué au pays
des idées radicalement fausses sur l'essence
du parlementarisme, sur son but et sa capacité.
Ils se sont voulus eux-mêmes omnipotents.
Ils ont prêché par toute la France que tout
bien ne peut venir que d'eux, ce qui permet

aux mécontents d'avancer que tout mal en
découle également. En vain, dans leur républicanisme sincère et réfléchi, les deux ou
trois hommes d'État, qui ont illustré le pays
depuis 1879 leur ont-ils signalé l'immense
péril auquel ils exposaient la République.
Ils n'en ont pas moins continué de soumettre
toute la vie nationale à leur prédominance
délétère. Comme les patriciens de la Rome
antique exerçant leurs brigues par la *gens*,
leur principale préoccupation a été de s'atta-
cher une clientèle qui formât la majorité
électorale. Le favoritisme corrupteur, si
énergiquement dénoncé par le ministère
Gambetta, est devenu la règle du régime : la
République a fait des *clients*, non des citoyens. Mais, de tout temps, les clients sont
insatiables, et leur dévouement s'arrête avec
leur intérêt...

Voilà l'un des côtés, non des moindres, de
la quatrième crise où glisse la République.
Qu'elle ait d'autres causes, sérieuses, pro-
fondes, on ne saurait le nier, le désarroi des
esprits troublant tout le pays. Les consé-

quences qu'elle aura, on hésite à les prévoir, car c'est un mystère... A coup sûr, toutefois, l'on peut prédire que la France court à une révolution de ses mœurs politiques, révolution dont notre monde parlementaire, sinon les institutions elles-mêmes, serait la première victime.

TRENTE ANS DE RÉPUBLIQUE

I

LA RÉPUBLIQUE MILITANTE

Devant la persistante trépidation qui énerve la France depuis quatre à cinq ans, les républicains se devraient de procéder à un examen de conscience, si toutefois cet acte de sagesse ne leur semblait pas d'essence trop religieuse. Aussi bien n'auraient-ils point, croyons-nous, à en redouter les résultats complètement. La République, comme tous les régimes, a subi des phases diverses : si les heures de tristesse sonnèrent souvent, elle eut aussi — ses pires ennemis eux-mêmes ne sauraient le nier — ses moments de beauté, de fierté. Moments fugitifs, nous le voulons bien, mais leur souvenir peut consoler des déboires du présent ; il pourrait également suggérer des leçons pour l'avenir, si les peuples

n'étaient soumis comme les hommes à une
fatalité contre laquelle rien ne prévaut, —
surtout les transformations trop tardives!

L'auteur de ces lignes est de ceux qui
aimèrent la République dès leur enfance :
ils apprirent à épeler son nom en commençant
de balbutier... L'Empire était encore debout.
La tragédie du Mexique n'avait pas réussi à
ternir les éclatants lauriers d'Italie, ni les
trophées de Crimée. Une aisance générale
emplissait d'allégresse le peuple français,
insoucieux d'en rechercher les causes, uniquement satisfait d'en ressentir les heureux
effets. L'industrie se développait, l'agriculture
prospérait. (Aujourd'hui encore, au fond des
campagnes, on rencontre des fermières che-
nues pour regretter « le temps de l'Empereur
où le blé se vendait plus cher ».) Napoléon III,
il faut bien l'avouer, était aimé. La
France lui savait gré de ses richesses accrues
autant qu'elle était joyeuse qu'il eût fait cla-
quer au vent des champs de bataille le drapeau tricolore roulé depuis la Sainte-Alliance,
— car c'était l'antique étendard aux fleurs de

lis qu'avait déployé dans la guerre d'Espagne le duc d'Angoulême et qui avait resplendi à la prise d'Alger.

L'Empereur, donc, régnait. Arbitre, disait-on, des destinées du monde, à coup sûr maître de son peuple qui lui renouvelait sa confiance par des millions de voix. Triste quand même, mélancolique, enclin à des songes troublants, hanté sur son trône par les rêveries humanitaires de sa jeunesse, pensant aux jours incertains où il se rapprochait des Carrel et des Cavaignac, souscrivant mystérieusement à l'érection du buste d'un républicain qui l'avait violemment attaqué, mais dont il honorait le souvenir, le caractère, les nobles illusions qu'avec lui, jadis, il avait partagées. Sorte d'Hamlet couronné, il n'en régnait pas moins, et la France, enchantée, l'acclamait.

Pas toute la France... Il y avait des familles bourgeoises où son nom soulevait des malédictions : il était, pour elles, le « tyran ». En ces foyers immuablement dévoués à la République, on ne parlait de lui, du 2 Dé-

cembre, que pour s'indigner, pour mieux
s'exciter aux revanches de la Liberté. Là, le
culte allait aux grands hommes du parti républicain, et ceux de la Révolution, et ceux
de 1830, et ceux de 48. Quelle joie! lorsque,
de Paris, arrivaient des nouvelles annonçant
la chute prochaine — toujours prochaine!...
— du régime détesté. Alors, volets clos, les
couplets de *la Marseillaise* éclataient, évo-
quant en un long frisson les prouesses civiques des aïeux! On n'imagine pas que,
dans les familles monarchistes espérant, en
leur loyale fidélité, le retour du Roi, il pût y
avoir plus de conviction ardente, plus d'enthousiasme prêt au sacrifice, que chez ces
républicains se grisant des légendes du passé
en attendant les actes de l'avenir. Quand on
a grandi au milieu de cette fièvre, la République, à jamais, vous tient le cœur, — et
l'on souffre davantage de voir ce qu'en font
les politiciens!

Il brillait d'un tel éclat, aux approches de
1870, l'idéal républicain de nos pères! D'un
mot, leur chimère était de pure fraternité

évangélique, — sauf pour une infime minorité, à la fois romantique et sectaire, qui
n'admirait dans l'épopée révolutionnaire que
le sanglant cauchemar propre aux attitudes
théâtrales, et brûlait de le revivre au gron-
dement des clameurs populaires : tels ces
spectateurs de drames, incarnant en imagination les rôles de traîtres ou de grands cri-
minels, parce que leur personnage épouvante
les foules : la haine a ses adorateurs comme
l'amour.

C'était d'amour que la presque unanimité
de la phalange républicaine se trouvait alors
pénétrée. Si elle ne répudiait rien de la Révolution, — Napoléon Ier lui-même avait déclaré : « Depuis Clovis jusqu'au Comité de
Salut public, je me rends solidaire de tout »,
— elle se jurait solennellement de triompher
désormais sans l'aide du bourreau. Le gouvernement provisoire de 48 avait aboli la
peine de mort en matière politique ; puis
Lamartine, avec son émouvant récit du dernier banquet des Girondins et de leur sup-
plice, avait arraché aux plus endurcis des

larmes d'attendrissement et de contrition.
Héritiers passionnés de la Révolution, certes,
les républicains ne se cachaient pas de l'être :
filialement ils en acceptaient toutes les responsabilités ; néanmoins, ils ne se défendaient
plus d'éprouver une profonde pitié pour les
victimes de la guillotine, comme de déplorer
l'immense infortune de la famille royale. Les
effroyables violences avaient fait leur temps :
la République, quand elle renaîtrait, domi-
nerait seulement par la vertu et par les conquêtes morales.

Enfin, l'Empire sombré dans les désastres
de la patrie, elle reparut. Mais la Liberté, à
chacune de ses résurrections — c'est une loi
démontrée — a pour sinistre compagne la
Mort : la jeune République, sortie des hor-
reurs de la guerre, faillit se noyer dans la
nappe de sang de la Commune. La bête humaine, une fois de plus, s'était déchaînée !
M. Thiers entreprit, courageusement, d'effacer les traces de ce rouge baptême. Il y réussit. Si l'impartialité de l'histoire n'était pas
un leurre, si son aveuglement n'égalait celui

des partis, elle proclamerait hautement cette
vérité : sans M. Thiers, la troisième République eût expiré en naissant; son vrai fon-
dateur, c'est lui! Il ne se borna pas à la faire
reconnaître par l'Europe, il la sauva des intrigues qui la menaçaient sérieusement. Or,
l'ironie faisait que les monarchistes, sauf les
« chevau-légers », espéraient en lui, tandis
que les républicains se méfiaient...

Ces derniers avaient, il est vrai, le droit
de se montrer soupçonneux. La France, au
lendemain de la guerre, ne leur était nulle-
ment acquise : à défaut d'un Bonaparte, —
le prince impérial était si jeune, et ses partisans si accablés! — elle eût volontiers sacré
un Bourbon. Quand M. Thiers fut renversé,
tout le pays s'attendait à une Restauration.
Mais la République eut la chance inespérée
que le 24 Mai, au lieu d'être une révolution
monarchique, fut, selon le mot amer de
J.-J. Weiss, un simple déménagement de
préfets. Au 16 Mai, il était presque trop tard :
la démocratie avait pris barre sur la nation
agacée par tant de tentatives ratées. Par sur-

croit, la République, forte déjà de l'action rayonnante de ses partisans, possédait une double garantie de sécurité : les scrupules de Mac-Mahon, et la noble intransigeance de Henri V. Le maréchal se croyait lié envers la Constitution par sa parole de soldat. Quant au comte de Chambord, il n'avait pas oublié les leçons du duc de Bordeaux, — les principes de droit divin, de légitimité intangible, — qu'en la solitaire cour de Prague, cloîtré entre le vieux Charles X et l'implacable Dauphine, il avait reçues du rigide duc de Blacas. La France de la Révolution voulait bien du Roi ; le Roi, préférant rester fidèle à l'oriflamme d'Arques et d'Ivry, ne voulait pas d'elle...

Le parti républicain, cependant, luttait vigoureusement contre les tenants des illusions monarchiques. Avec une vaillance admirable, avec un esprit de désintéressement et de discipline qu'il n'a plus jamais retrouvé, il livrait bataille sur bataille, uni, compact, résolu, d'une ardeur si frémissante qu'il semblait porté sur les ailes de la Victoire.

Pas un jour, depuis 1871 jusqu'à l'élection présidentielle de Jules Grévy, ne se démentit sa triomphante bravoure. Ah! la belle époque, créatrice d'énergie, de talent, de dévouement, suprême cycle de ces « temps héroïques » dont les républicains d'aujourd'hui se gaussent par dépit, n'ayant pas le cœur assez haut placé pour en comprendre la forte poésie! Bataille des hommes, bataille des idées! Les discussions de l'Assemblée de Versailles révélaient à la droite, à la gauche, des orateurs dignes des célèbres parlementaires de la Restauration.

Alors n'était pas député le premier faiseur ou braillard qui s'offrait! Le parti républicain, fier de la renommée de ses élus autant que jaloux de la probité de leurs ambitions, choisissait ses représentants. Il lui était permis de se montrer difficile, tant il comptait de chefs éloquents, instruits, virils, ayant à leur tête, et les surpassant tous, le plus intelligent, le plus séduisant, le plus puissant des tribuns : Gambetta !

Gambetta était l'âme et l'honneur de la

République. Il incarnait la patrie et la démocratie. Son génie imposait à l'Europe. Par l'ampleur de ses vues, la générosité de ses conceptions, par la formidable autorité qui s'attachait à sa personne et l'enthousiasme que soulevait son verbe conquérant, il exerçait sur les républicains une direction magistrale. Sa pensée pétrie d'humanité, largement ouverte au progrès, méprisait les misérables mesquineries où s'attardent les politiciens vulgaires.

Ayant le culte de toutes les gloires de la France, le respect de tous ses intérêts, il projetait de fonder un gouvernement vraiment libéral, tolérant, accueillant, dédaigneux des représailles et des exclusions, où il y aurait place pour tout le monde : le pavillon de la République abriterait l'union de tous les Français. Planant dans ces pures régions où l'emportait sa prestigieuse imagination, il décrivait sous des traits enchanteurs la France nouvelle telle qu'il la souhaitait passionnément ; il montrait la République française réalisant dans le monde moderne ce qu'était la République athénienne dans l'antiquité...

La République athénienne !... Longtemps après ces années de fortes, de magnifiques illusions, le plus illustre collaborateur de Gambetta les rappelait en un langage qui résume à merveille l'esprit républicain de l'époque : « Il n'était pas, à notre gré, de conquêtes assez élevées dans l'ordre des choses morales, de vertus assez hautes ni assez fécondes, de rêves de bonheur assez riants, de couleurs assez séduisantes pour former une auréole à cette jeune République que nos pères nous avaient appris à aimer, et que nous avions vu renaître, toujours jeune et immortelle comme les droits de l'humanité. » La République, précisait Gambetta, sera éducatrice, gouvernementale, et, pensant au relèvement national, il ajoutait : réparatrice. Assurer son développement en même temps que la grandeur de la patrie, son but était là. Appuyé sur les traditions et les principes de la Révolution, comptant sur l'incomparable vitalité de son parti, il voulait la démocratie s'élançant à la conquête du progrès par le travail et par la science, loin des utopistes et des sophistes.

Or, tandis que les républicains se précipitaient à sa suite vers cette séduisante Salente, les démagogues, jusque-là silencieux ou cachés, sortaient de leur ombre : ils s'apprêtaient à asseoir leur domination sur le peuple en lui promettant les délices de quelque grossière Capoue.

C'est l'heure où le vieux savant Littré, d'un républicanisme éprouvé, se remémorant les conséquences funestes de certaines prédications au lendemain de 1830 et en 48, lançait l'anathème : « Malheur aux peuples, s'écriait-il, chez qui le radicalisme, momentanément, prévaudra ! »

Gambetta lui-même, si perspicace à travers ses enthousiasmes, prononçait : L'ère des difficultés commence...

II

LA RÉPUBLIQUE TRIOMPHANTE

L'irrésistible action personnelle de Gambetta produisit ce phénomène : le triomphe de la République. Sa fougueuse et magique éloquence avait déconcerté les adversaires irréconciliables, en même temps qu'étouffé les cris discordants qui perçaient par moments à travers les tumultueux bataillons dont il demeurait le stratège prestigieux. Grâce à lui — sa supériorité innée s'était avantageusement frottée à la savante diplomatie de M. Thiers — le parti républicain, ayant guerroyé sept à huit ans d'ensemble et sans répit, arrivait aux affaires. Le danger était que cette prise de possession ne fût le signal d'une débandade, ou, ce qui est pire, d'une stagnation aveulissante. Il faut aboutir ! lui cria le tribun, l'appelant au travail comme il l'avait entraîné à la victoire.

La France connut alors des années où elle fut heureuse. Tout rentrait dans l'ordre, tout se tassait ; l'avenir était plein de promesses fécondes et enchanteresses. La piaffante Exposition de 1878 annonça au monde l éclatant et somptueux réveil de la grande blessée. La nation institua ensuite des fêtes civiques où elle parut se réconcilier dans l'amour de la patrie et de la liberté. Ce fut, au milieu de l'émotion générale, la solennelle remise des drapeaux... l'image endeuillée de l'Alsace et de la Lorraine exaltant les cœurs, et, dans les faubourgs comme dans les villages, les fils frémissant au souvenir de leurs pères non vengés. Puis, la première Fête nationale, l'enthousiaste célébration du 14 Juillet, presque un rappel de l'immortelle Fédération. Heures de concorde et de joie ! En les vivant, les plus perspicaces observateurs cessaient d'apercevoir la sournoise fêlure qui commençait d'entamer le parti républicain. Mais l'ombre de Gambetta la cachait...

La France plaçait en lui ses plus nobles espoirs. Sous son charme rayonnant, les anciens partis paraissaient sur le point de désarmer. Du moins, il provoquait des rapprochements, des adhésions aussi inespérées que retentissantes, telle la fameuse, la fracassante conversion de M. Dugué de La Fauconnerie. L'armée, conquise par son patriotisme, allait à lui en pleine confiance. Le général de Gallifet échangeait à sa table des propos réconciliants avec M. Ranc. Ainsi les haines se fondaient, les malentendus s'apaisaient, la République semblait vouloir être vraiment un régime de fraternité nationale.

C'était trop beau ! Les chacals de la démagogie, dévorés par la plus basse envie et la plus furieuse fringale du pouvoir, mirent ordre à tout cela. Il nous serait trop douloureux d'insister sur la criminelle campagne menée contre le grand tribun par les éternels empoisonneurs de la démocratie. Que les réactionnaires, réjouis devant l'explosion d'ingratitude, devant l'amas de turpitudes, se reprissent à espérer en voyant des républicains s'acharner, vomissant l'injure et la boue, contre l'homme qui avait été le bouclier de

la République, c'était leur droit absolu. Mais
les autres! mais la bande de « sous-vétéri-
naires » qui, sans le *dictateur* qu'ils flattaient
la veille et dont, maintenant, ils se régalaient
à manger le foie, eussent croupi en leurs
étroites chapelles dans une rage impuissante!
Ah! passons... Si, dans les conseils du gouvernement actuel, le souvenir de ces choses
vient parfois effleurer la pensée de certains
ministres, de ceux qui se montraient fiers, tout
jeunes et fringants députés, de figurer parmi
les « licteurs » de Gambetta, — de quel frisson
ne doivent-ils pas être saisis en regardant
M. Clemenceau!...

Brusquement, le Destin acheva l'œuvre des
nouveaux Cléons. Gambetta disparut. On a
dit que sa mort délivrait les généraux : les
événements ont prouvé qu'elle délivrait surtout les révolutionnaires, les radicaux. Nos
larmes n'étaient pas séchées, l'immense velum
de crêpe noir flottait encore sur la façade du
Palais-Bourbon, que ces messieurs entraient
en scène, arrogants, menaçants, exigeants, en
outre recherchant la complicité de ceux d'entre

les lieutenants d'Alexandre dont l'impatiente
ambition ne reculerait pas devant la trahison.
Déjà, escomptant l'abandon de la majorité
atterrée, ils se croyaient les maîtres, quand,
la tête haute, le poing serré, un homme
surgit qui releva virilement le drapeau et se
montra prêt à le défendre contre quiconque :
Jules Ferry.

... Une scène singulièrement impression-
nante, à laquelle nous dûmes au hasard
d'assister, nous frappe les yeux comme si elle
se déroulait à l'instant. C'était dans la
chambre ardente où se trouvait exposé le
corps de Gambetta ; les députés allaient défiler
devant le catafalque ; debout près des sombres
draperies circulaires, nous attendions : le
premier qui parut, pâle à son habitude,
imposant, le regard résolu, ses robustes
épaules comme courbées sous le faix des
responsabilités futures, ce fut Jules Ferry ; —
et le Parlement suivait. Or, à mesure que la
file des représentants s'allongeait, il s'échappait de leurs rangs des chuchotements, des
exclamations de colère. Le cadavre étendu

sous le lugubre luminaire n'en était pas la
cause : les politiques l'oubliaient; en cette
procession de deuil, pour beaucoup moins
sincère que d'apparat, ils ne s'entretenaient
que de l'homme d'État qui, placé aujourd'hui
à leur tête, serait leur chef demain : jaloux,
ils ruminaient, et ils méditaient sa perte.
Quelqu'un, tout bas, nous dit : « Leurs
murmures sentent les grondements de
l'orage... »

Dès lors, l'opposition dynastique étant
refoulée, la République eut à repousser, avec
une vigilance sans cesse éveillée, les furieux
assauts d'une opposition plus dangereuse :
celle des partis avancés. Opposition systématique, la haine constituait son principe, et la
mauvaise foi sa méthode. La violence, la
calomnie, l'exploitation des passions infé-
rieures, voilà quelles étaient ses armes. Il
fallait à ces gens, après Gambetta, une
seconde grande victime. La formidable impopularité qu'ils suscitèrent autour de Ferry
assura le succès de leur entreprise, car s'ils
n'avaient à leur actif qu'une sorte de génie,

le génie de la destruction, au moins s'enten-
daient-ils à en user largement et perfidement
contre les meilleurs serviteurs du pays. Les
choses, à leurs yeux, ne trouvaient pas plus
grâce que les hommes : tuer les uns, démolir
les autres, leur cupidité politique était inca-
pable de se satisfaire autrement que par ces
deux moyens. C'est qu'ils se rendaient compte
que les avenues du pouvoir leur resteraient
fermées, tant qu'ils n'en auraient pas avili
les gardiens ni rabaissé les degrés à leur
niveau.

C'est l'époque de la guerre des radicaux
contre les opportunistes. Guerre furibonde,
déloyale, écœurante, où les premiers, pour
miner les seconds, sapaient les bases de la
société, les principes du gouvernement, et,
même, les éléments organiques du régime;
par exemple, un jour, pour combattre nous
ne savons plus quel projet de loi, M. Clemenceau, vigoureusement applaudi des Droites,
fit à fond le procès du suffrage universel :
sous le second Empire, expliquait-il, le
peuple n'avait qu'un maître, l'Empereur;

maintenant, il en avait six cents, les députés,
et il concluait que le suffrage universel est
une chimère dont on berne le peuple... Le
fort de l'Extrême Gauche était d'émettre ainsi,
à propos de tout, des théories, d'ailleurs
variables, dont elle prétendait écraser ses
adversaires. Mais, pour les mieux atteindre,
elle leur jetait au visage l'épithète infa-
mante (!) d'*autoritaires*, étant bien démontré
— de par elle — qu'elle seule respectait la
liberté : elle en était le parangon! Injures et
débats stériles, ils eussent plus d'une fois
compromis les récentes conquêtes de la République, s'ils n'avaient été heureusement
compensés par l'activité fructueuse de ces
« hommes de gouvernement » pour lesquels
le *leader* du radicalisme n'avait pas assez de
sarcasmes ni de mépris.

Malgré d'irritantes discussions byzantines,
des attaques incessantes, des coalitions re-
doutables, — consolider avec fermeté les
institutions; maintenir dans le devoir une
majorité chaque jour harcelée par l'ennemi,
outrageusement dénoncée au corps électoral,

tiraillée entre la crainte et la tentation;
réaliser les réformes les plus considérables
qu'ait accomplies la troisième République;
poursuivre en même temps, — à travers
quels obstacles, quelles embûches, grands
dieux! — la constitution d'un immense empire colonial; s'efforcer d'éduquer la démocratie, de l'assagir, de l'arracher aux vils
flatteurs qui s'en font les parasites; essayer
de l'amener à comprendre que le gouvernement du peuple par le peuple ne serait
qu'une imbécile impossibilité si elle ne s'imposait — à l'égal de la monarchie — des règles et des lois; enfin, vouloir être cette
chose rare : un vrai gouvernement, et y
réussir, — telle fut l'œuvre de Jules Ferry
et de ses collaborateurs.

Lorsqu'on examine l'application, l'usage
que l'on a fait de certaines lois votées depuis l'établissement de la République, —
les unes forcées, les autres maquillées, toutes
déviées de l'esprit qui présida à leur élabo-
ration, — on peut, selon le point de vue où
l'on se place, soit les regretter, soit s'en féli-

citer. Mais, ne considérant que les faits, l'argument électoral, d'avantage ou de dénigrement, qu'en tirent la plupart des candidats, une vérité s'impose : c'est durant et par la majorité opportuniste, le plus souvent malgré les radicaux, que les principales furent fondées. Ce point est indéniable, même pour les radicaux, et comment le contesteraient-ils, alors qu'ils en sont à se réclamer, en trahissant d'ailleurs l'un et l'autre, de Gambetta et de sa doctrine?

Notre intention n'est point de dresser ici un bilan au profit de tel ou tel parti. Nous n'en éprouvons ni le désir, ni le besoin, n'appartenant à aucun. L'histoire, facile à contrôler, nous suffit. Elle établit que les libertés « nécessaires », les grandes réformes scolaires et sociales, furent introduites dans la loi depuis 1878 jusqu'en 1885, c'est-à-dire pendant une période où les républicains modérés exerçaient l'hégémonie à peu près sans partage (nous disons à peu près, parce qu'il y eut un moment, sous un ministère Freycinet, où la malheureuse affaire d'Égypte

montra que les gouvernants écoutaient quelquefois les conseils de M. Clemenceau). De
ce temps, en effet, datent la liberté de la
presse, la liberté de réunion, les libertés municipales, les lois d'enseignement, l'égalité
de tous les citoyens devant le service militaire, la reconnaissance légale des syndicats professionnels (oui, nous savons! mais
attendez...), et encore : les premiers projets,
déposés par des gambettistes, sur les sociétés
de secours mutuels, sur la protection de l'enfance, sur les accidents du travail dans
les usines et manufactures, sur les délégués
mineurs, sur les caisses de secours et
de retraites, sur les conseils de prud'-
hommes, etc., etc...

Ce que les mécontents de la gauche, toujours enclins à la critique, jamais préparés
aux solutions pratiques, baptisaient avec tant
de dédain : opportunisme, c'est la méthode
qui permettait d'aboutir à tant de résultats
en un laps de temps aussi court. Il serait
puéril de nier que les opportunistes aient
commis des fautes : le bien va rarement sans

22

le mal! Mais quand on envisage leur passage aux affaires et la longue stérilité qui suivit leur chute, on s'explique que M. le Président Loubet, de bon sens si français, se soit fait gloire de venir de ce parti : « Nous étions partisans, disait-il il y a deux ans, de cette politique hostile aux agitations stériles, aux déclamations vaines et sans utilité. Nous étions des opportunistes. Le mot n'a pas fait fortune : nous le sommes encore, et ceux qui nous ont blâmés sont plus opportunistes que nous-mêmes, lorsque, mis en présence des difficultés quotidiennes, et en face des soucis et des responsabilités du pouvoir, ils sont obligés de compter avec les traditions, les habitudes, les usages de notre pays. » Nous le répétons, les opportunistes commirent des fautes : la plus grande, la plus impardonnable, à notre avis, c'est d'avoir eu honte d'être des opportunistes.

Le jour où, fatigués de leur œuvre, inquiets des clameurs stupides de la rue, gagnés peu à peu, sous l'action pernicieuse de la surenchère radicale, par ce maudit venin

qui s'appelle « la crainte de l'électeur », ils
cessèrent d'être eux-mêmes, ils abdiquèrent;
ce jour-là ils ne firent pas que trahir leurs
chefs, leur parti, leur doctrine, ils livrèrent
la République à toutes les entreprises, déma-
gogiques ou césariennes, — et ils se désho-
norèrent. Sera-ce donc l'éternelle destinée
des députés du « Marais »? Hommes de capacité moyenne, honnêtes en général, sensés,
ils veulent le bien public sincèrement, nous
le croyons; mais que la cynique insolence
d'un quarteron d'aboyeurs les fouaille et les
cravache, et les voilà qui courbent le front,
muets, tremblants, capables alors des pires
lâchetés!

Il est inutile de s'attarder sur les faits qui
amenèrent, par la dispersion de la majorité,
la transformation des partis... Ferry balayé
pour avoir donné à la France le Tonkin, —
oh! la célèbre apostrophe de M. Clemenceau :
« Allez-vous-en! nous ne vous connaissons
plus! » — Ferry était habitué à ce genre
d'événements. Une première fois, on l'avait
renversé parce qu'il avait établi notre pro-

tectorat en Tunisie, et n'était-ce pas le même
M. Clemenceau qui aidait à sa chute en lui
faisant un crime d'avoir tiré le canon aux
rivages africains sans convoquer d'urgence
le Parlement alors en vacances?... Non!
n'évoquons pas ce passé; ce serait trop de
tristesse et trop de stupeur. Tant de colères,
tant de luttes passionnées, où la démence se
faisait applaudir au détriment de la raison!
Les meilleurs, à droite comme à gauche,
étaient honnis, vilipendés. Vous souvient-il
des insultes prodiguées à l'éloquent évêque
d'Angers, Msr Freppel, qui, aussi bon Français qu'ardent catholique, avait osé prononcer
cette belle parole : « Quand le drapeau de
la France est engagé, je ne regarde pas les
mains qui le tiennent! » Mais le vaillant
prélat parlait en patriote, alors que ses insul-
teurs agissaient en politiciens.

Les belles heures de la République, déci-
dément, étaient passées. Elle aura encore,
de loin en loin, quelques sursauts d'orgueil,
et l'alliance russe n'y contribuera pas peu.
Mais, d'année en année, des crises de toute

nature viendront secouer, déflorer sa couronne tricolore, — les querelles intérieures poussées jusqu'à l'exaspération la plus affolante, les assauts répétés de l'esprit néo-césarien, les sanglants conflits sociaux, les scandales, etc., etc... Aussi n'aura-t-elle plus pour souci de progresser — mais de vivre. En effet, de principes, de doctrines, il n'en est plus question : c'est d'expédients qu'il s'agit, de compromissions, d'associations truquées et bigarrées servies au pays sous le nom de « concentration ». Le Parlement, où est-il ? Sans énergie, sans boussole, en proie aux coteries, aux ambitieux qui pullulent sur ses bancs comme des champignons vénéneux, il se déconsidère au jour le jour, hissant au pouvoir les plus souples des médiocres pour obéir à ses caprices et soigner ses intérêts électoraux. C'est le règne de l'apostille et de la camaraderie, avec, pour intermède, l'âpre lutte du portefeuille...

La République triomphante... Plus elle avance en âge, plus s'éloigne notre idéal, à nous tous qui avions respiré auprès des maîtres de notre jeunesse un air si salubre, si vivifiant, et à qui il n'est plus donné, pour notre honte, que de contempler cette chose nauséabonde : une République pot-bouille!

III

LA RÉPUBLIQUE DÉCLINANTE

On peut caractériser d'un mot les quinze
années qui séparent la révolution parlementaire de 1885 du ministère de Défense républicaine de 1899, et en dire qu'elles constituent
la période gélatineuse de la République. Une
plume mordante écrirait : visqueuse.

Les vertus du parti s'étaient évanouies, les
caractères affaissés, les ambitions réduites à
des appétits. L'idéal désintéressé de la période
militante avait fait place à un déchaînement
effréné de passions et de jouissances. La République s'enfonçait dans la matière. Le pays
faillit lui faire payer cher ses premiers dé-
goûts. Mais le boulangisme ne laissa aucun
enseignement profitable. Il s'en dégageait
pourtant de sévères leçons, car il signifiait :
lassitude, déception, désenchantement général. Parce que l'heureuse habileté d'un

homme, né policier d'une ingéniosité remarquable, sorte de Fouché plus rond et moins vicieux, déjoua à temps la redoutable faction des mécontents, les parlementaires s'imaginèrent qu'avec l'aide protectrice de la place Beauvau ils pourraient désormais vaquer en sécurité à leurs petites affaires. On eût encouru leurs moqueries en leur rappelant, pour les mettre en garde, que la victorieuse « révolution du mépris », avant d'éclater, avait couvé dix ans dans une parfaite tranquillité...

L'histoire parlementaire de ces années grises et improductives, elle est illustrée, si l'on peut dire, par les étapes successives du parti radical. Tantôt il paraît succomber sous les coups d'une mauvaise fortune qui le décapite en humiliant ses chefs les plus redoutés. Tantôt, à l'affût des faiblesses étranges du parti modéré dont les capitulations se succèdent sans qu'on se les explique, à moins de se dire que l'égoïsme a, là aussi, exercé ses ravages, il rebondit, et, pour se refaire une virginité autant que par peur du prolétariat, il s'agrippe avidement au socialisme. L'oppor-

tuniste, la défaite étant venue (par sa faute),
s'était débaptisé, reniant ses origines : le radical l'imite, et, à la stupéfaction du corps
électoral, qui n'y comprend plus rien — mais
qui vote toujours! — il naît à gauche plus de
groupes qu'il n'y a de taches sur la peau du
caméléon. Rassurez-vous! les politiciens
trouvent un truc à la Robert-Houdin pour tran-
quilliser le pays sur cette multiplication d'étiquettes et de petites « amicales », dont le vrai
principe créateur est moins une divergence
de programmes qu'une distribution future de
portefeuilles : quand un ministère se forme
ils amalgament le tout, et, solennellement,
ils l'appellent la « concentration »!

On sait ce qu'a produit la concentration :
une série de ministères renversés les uns
sur les autres au gré des manœuvres de
groupes, des intrigues de couloirs, à la merci
de telle ou telle personnalité mécontente de
la mince part faite à sa clientèle, à la merci
encore de combinaisons mystérieuses et ina-
vouables. Leur chute apparaît au pays
aussi inexplicable que leur avènement. Tous

s'étaient présentés devant les Chambres avec
des « déclarations » chargées de réformes,
sachant très bien qu'ils n'en réaliseraient
probablement aucune, soit qu'ils n'en eussent
ni le désir ni le temps, soit que leurs projets
fussent inacceptables parce que bancals. L'on
essayerait vainement de dénombrer cette
kyrielle de cabinets éphémères, sauf deux
ou trois, tels le ministère Casimir-Perier,
le ministère Méline. Ceux-là eurent du
« caractère ». Encore le premier regretta-t-il
l'audace intelligente de Spuller, ce politique incompris, proclamant la nécessité
d'un « esprit nouveau », — mais il paraît que
la République est condamnée à être un per-
pétuel champ de bataille! Le second dut à
son chef, qui avait hérité de son compatriote
Ferry sa ténacité sans sa large compréhension, de laisser se développer une épouvan-
table crise au lieu de la dénouer dès le
début par les moyens légaux. Ah! oui, ces
années n'auraient laissé aucune trace profonde dans la mémoire si l'on n'y trouvait,
pour points de repère, ici les boues du

Panama, là les bombes anarchistes. Seuls les radicaux ont le droit de s'en souvenir avec une légitime satisfaction, car c'est durant cette période qu'ils reparurent, se poussèrent, et rendirent possible leur accaparement du pouvoir.

On n'a pas oublié la définition du radical par Taine : « Le radical, tel que nous le connaissons, est une sorte de fanatique qui, croyant tenir la vérité, veut l'appliquer à l'instant, tout entière, sans restriction ni délai. » Tel est bien, en effet, le radical dans l'opposition. On l'entend chaque jour s'écrier avec force, — la formule est de quelqu'un bien connu de M. Clemenceau : « Toujours plus de droit ! toujours plus de justice ! toujours plus de liberté ! » Sur quoi, il devient ministre, et les effrayantes volitions dont il se parait aux yeux du vulgaire, il les remplace par d'anodins discours non suivis d'actes. Les projets de réformes qui lui avaient servi de catapultes pour forcer les rangs de ses adversaires, il les renvoie de session en session, de législature en législature, si pénétré de sa grandeur nouvelle qu'il en reste pétrifié, n'osant plus esquisser aucun geste, pas même celui de renvoyer à leurs ronds de cuir ses commis qui, venus lui signifier leurs ordres, le voient s'incliner devant eux, tout effaré. Ou bien il prétend donner le change : reprenant le programme de son ancien ennemi l'opportunisme, il le pille, il le démarque, et il fait du vieux-neuf, c'est-à-dire ce qu'il y a de moins solide, de moins harmonieux. Le radical n'a rien en propre. Que si des lois considérables aboutissent, il lui faut recourir pour les mettre debout à un opportuniste qualifié ou à un socialiste de la nouvelle école. Mais nous sommes injuste : il y a une réforme qui est bien sa chose, c'est l'augmentation de l'indemnité parlementaire !

Qu'on ne s'y trompe pas : ce n'est point de gaieté de cœur que nous traçons ce tableau moins plaisant qu'attristant. Nous sommes de ces républicains qui eussent applaudi aux efforts sincères de n'importe quel parti, si la République en était sortie plus fortifiée et plus honorée. Par malheur, il n'en a pas

été ainsi, et ce n'est pas notre faute si, re-
montant le passé, on y découvre les causes
premières de la situation actuelle dans
l'action délétère de ces politiciens dont le
radicalisme était, selon une observation trop
justifiée, moins un état d'esprit qu'un état
d'ambition.

En cette sarabande parlementaire, où les
« jeunes » et les « arrivistes » se faisaient vis-
à-vis, il y eut une halte reposante, réconfor-
tante, qui rendit à la France confiance et
espoir. Les rênes du gouvernement avaient
été confiées, dans une heure de péril, à un
homme d'une haute valeur morale et intel-
lectuelle: Waldeck-Rousseau. Trois ans durant, il les tint avec une maîtrise admirable.
Quand il était entré au ministère, la République se trouvait mal en point; comme il
le disait lui-même plus tard, d'une façon si
pittoresque, « il ne restait plus que la croûte
du pâté ». Il ne nous appartient pas d'analyser l'art incomparable par lequel il remit
toutes choses en ordre et fit triompher sa
méthode et ses conceptions. Pour juger de

son excellence, il suffit de se reporter au
moment où, dédaigneux de se présenter
devant les Chambres qui s'apprêtaient à lui
décerner les honneurs du Capitole, il aban-
donna volontairement le pouvoir : la République, remise debout, sérieusement conso-
lidée, était en état de braver toutes nouvelles
tempêtes, et la France, se sentant *gouvernée*,
se remettait au travail en toute sécurité.
Hélas! tandis que la mort, toujours cruelle
à la République, frappait Waldeck-Rousseau,
ses successeurs démolissaient son œuvre...
Et voici qu'une fois de plus l'on entend son-
ner le glas des illusions républicaines. Les
nuées de l'idéal, un instant rassemblées, se
dissipent, découvrant la réalité, qui est laide.

Nous ne sommes ni optimiste ni pessimiste.
Il ne nous paraît pas plus équitable de croire
avec les uns que M. Viviani, ayant éteint les
lumières du ciel, illuminera la nation des
éclairs de son éloquence, que de croire avec
les autres que M. Clemenceau, ayant tout
appris des Grecs, sauf la sagesse, portera la
République en terre. La vérité est que la

République subit le poids de fautes accu-
mulées depuis trente ans. Il ne faut pas s'en
étonner. Bassement envieuse de ses hommes
illustres, les désavouant quand elle ne les
assassinait pas, elle s'est parjurée à leur
endroit, comme envers la France elle a
menti à ses origines et à ses promesses. Son
erreur initiale a été de trop écouter les idéo-
logues et les démagogues, lesquels, trop
souvent, ne font qu'un : ceux-là parce qu'ils
bâtissent dans la lune, s'imaginent que le
décor de la société étant changé l'âme des
acteurs de la vie sera du même coup transformée. Elle a donc considéré les hommes
comme parfaits alors qu'ils sont à peine per-
fectibles, elle leur a parlé de droits et non de
devoirs, et, par une contradiction singulière,
qui démontre du moins qu'elle est capable à
ses heures de sens pratique à défaut d'une
générosité à longue échéance, elle s'est attachée, à faire non des citoyens, mais des
clients.

Le mal né de ces mœurs nouvelles éclate
partout, aussi bien dans les clans qui pro-

fitent des gaspillages renouvelés à leur intention que chez les millions de contribuables qui en pâtissent. Il gagne de proche en proche. Le budget, nous le reconnaissons, fut toujours un peu le drageoir de la France. Or l'ironie veut qu'au lieu d'empêcher qu'à force d'abus il ne devienne une vaste écuelle où chacun cherche sa pitance, les parlementaires donnent l'exemple de la prodigalité en doublant presque d'un coup leur indemnité de législateurs. Tiendront-ils compte du désastreux effet produit par cette largesse trop directement intéressée? Ils ont dit, en leur congrès de Nancy, que l'indignation publique était le fait des réactionnaires. Quoi! la majorité aurait bonnement fourni à ses adversaires une arme pareille pour le simple amour de la République? Nous n'en croyons rien. Et nous avons bien raison de rester sceptique devant leurs protestations de désintéressement, puisque leurs propres comités les taxent, largement, au prorata des 15.000 francs. La question est de savoir si nous devons payer les frais de propagande des comités électoraux, — radicaux, socialistes, ou autres.

Un grand journal républicain non suspect aux yeux de la Chambre, *le Temps*, écrivait tout récemment (numéro du 5 octobre) que le parlementarisme désorganise et pourrit tout. Il est permis de déplorer la sévérité de ce jugement porté par un organe aussi considérable que pondéré, mais l'on doit avouer que les événements le justifient et qu'au besoin la majorité du pays le ratifierait. Le pays, si patient, et qui ne demande que la paix civile, commence à se rendre compte de l'incapacité de ses représentants. Il se lève, du Nord au Midi, un souffle impétueux de colère et de mépris. Nous espérons fermement qu'il n'en sortira aucune tempête. Cela dépendra de nos gouvernants. La République a besoin d'une direction énergique, mais elle la veut intelligente et capable' d'esprit de suite. Il y a trop longtemps que, placée entre des alternatives de faiblesse et de sévérité, elle ne sait plus de quels principes l'on s'inspire pour l'administrer. Tantôt la platitude,

tantôt la brutalité. Hier des poignées de main,
aujourd'hui des coups de fusil. C'est l'incon-
sistance érigée en règle souveraine, ou mieux,
comme l'a dit M. Clemenceau parlant de
son propre gouvernement, l'incohérence.

Peu de gouvernements résisteraient à un
pareil régime. La République elle-même,
qui déjà ne se meut plus que par la force
acquise, finirait par y succomber, et ce ne
sont pas les dévouements de la dernière heure
qui la retiendraient. Que les républicains
dégénérés se méfient, si jamais ils n'avaient
plus que la ressource d'appeler un sauveur,
de tomber sur un guérisseur : les rebouteux
ont parfois le coup de pouce un peu rude.

Espérons ! c'est le mot de toutes les tris-
tesses, mais c'est aussi celui de toutes les
énergies.

LES CADRES DE LA RÉPUBLIQUE

I

VERS LA CRISE

Le contraste est saisissant entre les apparences de solidité, de sécurité, dont s'enorgueillit présentement la République, et les propos si pessimistes qu'échangent sur son avenir de sincères républicains. L'on songe en écoutant ces Cassandres à certains hommes de charpente robuste, d'aspect superbe, aux éclatantes couleurs prometteuses de longévité, et qui s'effondrent brusquement : leur disparition soudaine arrache un cri de stupeur, car chacun à l'envi admirait leur florissante santé, — sauf quelques-uns, qui, l'œil aigu, observaient, et qui attendaient. L'Histoire offre des exemples fameux de ces fins à la fois surprenantes et prévues; rappelons-en une, assez récente.

Quand M. Félix Faure mourut, amis et ennemis se montrèrent mêmement stupéfaits : ce n'était pas ce deuil-là que ni les uns ni les autres s'apprêtaient à mener... La nuit de l'événement un petit homme nerveux fut en hâte réveillé, à qui on venait l'annoncer et demander quel serait selon lui le futur hôte de l'Élysée. Les circonstances étaient graves, il fallait aviser d'urgence. Le petit homme nerveux en grognant se dressa sur sa couche, ses gros sourcils noirs tout froncés, puis, ayant ouï la nouvelle, d'un ton preste, — sans déceler la moindre surprise, la plus légère hésitation, — il dit : « Je vote pour Loubet », après quoi, paisible, il s'endormit : le surlendemain, M. Loubet était élu Président de la République.

Quelqu'un eut la curiosité de questionner ce nocturne devin sur les éléments initiaux de sa prédiction si bien réalisée : « C'est très simple, fit cet étrange Warwick. J'avais connu, il y a plusieurs mois, l'inutilité des avertissements donnés à Félix Faure sur le caractère nuisible du régime excessif qu'il

suivait, son entêtement à ne pas le modifier,
le diagnostic implacable de ses médecins dé-
solés, la mort — dans ces conditions — certaine, à brève échéance. La prévoyance politique la plus élémentaire me commandait dès
lors de me renseigner sur les dispositions des
futurs congressistes. Une mystérieuse enquête ouverte dans le Parlement me convain-
quit bientôt que celui qui aurait le plus de
chance de leur agréer était Loubet. C'est
tout !... » Ainsi, tandis que les partis anxieux, — une crise presque révolutionnaire
les avait mis aux prises, — attendaient leur
salut des déterminations de M. Félix Faure,
tandis que celui-ci, musculeux, vigoureux,
gaillard, jouissait bellement de la vie, sa
mort prochaine était escomptée dans le secret,
et son successeur nommément désigné.

M. Loubet, nous le savons, sera surpris
tout le premier en apprenant ces choses : on
ne l'avait pas mis dans la confidence. Peut-
être étonnerions-nous moins les amis de
M. Fallières, si nous racontions à la suite de
quels calculs il fut élu président du Sénat, en

remplacement de M. Loubet, de préférence à M. Constans. Celui-ci semblait devoir réunir le plus de voix. Mais, en acceptant, deux mois auparavant, un poste d'ambassadeur des mains de M. Charles Dupuy, il avait éveillé les méfiances des chefs de l'un des partis en bataille. Or, les esprits étaient tellement surexcités que l'on redoutait une série d'accidents tragiques : il pouvait se faire que M. Loubet n'habitât l'Élysée que quelques semaines, quelques jours même... Le nocturne Warwick, de nouveau, se mit en campagne; ses amis du Luxembourg reçurent pour mot d'ordre d'élever au fauteuil présidentiel un homme offrant des garanties dans le cas où il serait nécessaire de le transférer à l'Élysée immédiatement, M. Loubet venant à disparaître... M. Fallières fut élu.

Nous nous garderons bien d'avancer, — ce serait contraire à notre sentiment personnel, — que les affaires de la République, si compromises qu'on les suppose, soient tombées à ce point qu'on puisse sérieusement prédire sa chute avant peu, et préciser à qui écherrait sa succession. Certes, les choses n'en sont pas là. Il n'en est pas moins exact de dire qu'une véritable inquiétude se manifeste dans des milieux où la confiance jusqu'ici avait régné. Là même on serait peut-être embarrassé d'indiquer positivement les périls en perspective. Leur nature est délicate à définir. Ce n'est pas matière où les collaborateurs intimes de M. Clemenceau sauraient exercer leur flair de limiers. L'inquiétude des républicains n'est l'effet d'aucun complot prêt à éclater. La cause en est pire.

S'il est vrai que ce qui fait durer un gouvernement, c'est l'impuissance des autres, la République semble pouvoir, à en croire les apparences, négliger pour l'instant ses ennemis naturels, ou prétendus tels. Sans doute sa longue prudence à les maintenir au delà des frontières peut paraître un indice de persistantes appréhensions. Un gouvernement qui est sûr de lui, et qui le proclame chaque jour devant l'Europe, ne maintient pas éternellement des lois d'exil contre des hommes dont le seul crime est d'être nés sur

les marches d'un trône. La République se
fait gloire, nul esprit libre ne l'en blâmera,
de ne pas rendre les fils responsables des
actes, des fautes de leurs pères : cette générosité si simple, elle l'a affirmée en installant
aux premières places de l'État, tantôt à la
présidence du Sénat, tantôt à la présidence de
la République, des parlementaires dont les
parents directs n'étaient pas sans reproches.
En outre, elle ne compte plus ses amnisties ;
il en est même une, si nous ne nous trom-
pons, qui comprit les fraudeurs de lait, c'est-
à-dire les empoisonneurs de l'enfance. On est
donc porté à croire qu'elle a de graves raisons pour soustraire à sa clémence deux
hommes seuls. Qu'elle prenne garde toutefois ; il est un ennemi qui échappe à ses pros-
criptions, qui ne la quitte pas, qu'elle ne
soupçonne pas, celui précisément dont elle devrait se méfier le plus parce qu'il lui est le
plus redoutable; ce n'est ni un parti, ni un
homme : c'est elle-même.

Une démocratie comme la nôtre est expo-
sée à deux sortes de dangers : d'une part,

l'attentat d'un soldat audacieux; d'autre
part, l'ambition sans scrupules d'une portion
de ses propres partisans. L'échec des cons-
pirateurs d'hier découragea pour quelques
lustres les tentatives de séditions galonnées.
Mais en même temps qu'il consolidait les
institutions, il inoculait à la République un
germe de décomposition. Enivrés par le succès, trop de gens ne pensèrent à en profiter
que bestialement. L'antagonisme entre la
force conservatrice et la force révolutionnaire,
perdant tout caractère philosophique, devint
de plus en plus une âpre lutte d'intérêts
égoïstes. Dans le Parlement, un traité d'alliance s'imposa aux partis rivaux, non plus
pour travailler au bien du pays, mais pour
exploiter à parts égales la dissolution des
mœurs publiques. Se croyant à jamais déli-
vrée de la monarchie et de la stratocratie, la
République prit les allures d'un gouvernement hybride : ce n'est ni la ploutocratie ni
la démagogie, c'est l'amalgame des vices de
ces factions latentes, également puissantes,
en vue d'obtenir la durée par la corruption

24

des deux grands supports de la société moderne : la richesse et le travail. C'est l'heure
où, dans une démocratie, toutes les ambitions
sont permises parce que toutes les passions
sont maîtresses.

A quelles catastrophes la situation qui se
dessine aboutira-t-elle, soit que la France
reste seule à les conjurer, soit que l'étranger
arrive, hélas! à s'en mêler? Nous ne prétendons pas déchiffrer une pareille énigme.
Notre but est plus modeste. Nous nous pro-
posons simplement d'examiner les forces
réelles sur lesquelles la République pourrait
s'appuyer en cas d'assaut, d'où qu'il vînt.

En des temps d'une beauté sinistre, ces
années tragiques où les conventionnels sié-
geaient parfumés de sang humain, l'on comptait dans les plus grandes crises uniquement
sur «les armées de la République». Les farouches *patriotes*, avec une sombre émulation,
s'entre-tuaient, mais leur fièvre civique s'exal-
tait moins au passage de la charrette qu'à la
subite arrivée d'un courrier clamant, éperdu,
la dernière victoire. Les rivalités, les in-

trigues, les bassesses, le crime même, toutes
les terreurs et tous les espoirs se suspendaient
aux marches furieuses des demi-brigades
affolées de triomphes, cependant que la République, glorieuse de brancher du laurier à sa
pesante couronne d'immortelles, dévorait plus
goulûment, les uns sur les autres, ses enfants.
Orgies libertaires et mortuaires! De cette dé-
bauche de têtes coupées elle sortit si lourde-
ment repue qu'elle ne distingua plus sur les
routes d'Europe la cadence affermie de ses
chers sans-culottes revenant en prétoriens à
son tour l'égorger.

La troisième République chercherait vainement — aujourd'hui — des volontaires,
des sans-culottes, des armées à sa dévotion.
De même qu'elle s'évanouit comme une fem-
melette à l'idée de l'échafaud, s'agenouillant
en bêlant devant les principes alors que les
Soleillants se ruent en ricanant sur le couteau, de même la vue des cohortes chargées
de son salut la rendrait tremblante et pâlis-
sante. Rappelez-vous ce César de la décadence perdant le cœur en touchant le fer

destiné à le défendre contre des assassins
mystérieux. Le 18 Brumaire, le 2 Décembre,
ah! depuis ces jours où la France apprit ce
que peut la volonté d'un homme, les républicains ont la peur du sabre et du panache.

Oui! au dix-neuvième siècle, il y eut encore des moments où les fils de la Révolution parurent vouloir renouer les traditions
de leurs pères, placer l'image de la Liberté
sous la protection des oriflammes guerrières.
Rêves enthousiastes des *ventes* du carbonarisme, valeureuses équipées républicaines
des guerres d'Espagne et de Grèce, inutile
sacrifice des quatre sergents de la Rochelle,
fièvres piétinantes des demi-soldes, tant d'illusions ne devaient avoir pour couronne-
ment que la parade grotesque du faux « général » Dubourg et la cavalcade sanguinaire
du général Cavaignac !

Malgré des rapprochements momentanés,
malgré de sincères essais d'union, l'épée et
le bonnet phrygien peu à peu se sont tout à
fait séparés. Les conflits sociaux avaient en-
venimé leur animosité réciproque ; le bou-

langisme et le nationalisme faillirent la
transformer en haine. Le calme qui suivit
ces chaudes commotions dissipa de graves
malentendus. Une gêne néanmoins subsiste.
De part et d'autre, l'on s'épie, l'on se méfie.
L'armée nationale croit être tenue en sus-
picion par la République, et celle-ci parait
demeurer à son égard toujours sur la défen-
sive. S'agissant donc d'un problème où le
sort de la démocratie serait seul en jeu, il
convient de ne porter ses investigations que
sur les éléments civils de la crise, puisque
aussi bien c'est d'eux qu'elle découlerait.

Nous passerons rapidement en revue les
cadres de la République, état-major et effectifs. En premier lieu, nous essayerons d'établir quelle force propre, quelle initiative,
quelle indépendance surtout appartiennent
à celui qui est, de droit, le gardien de la
Constitution : nous avons nommé le Président.

II

LE PRÉSIDENT

M. Thiers, définissant le rôle du souverain dans une monarchie constitutionnelle, inventa la formule historique : Le Roi règne et ne gouverne pas. Cinquante ans plus tard, un écrivain qui, par son originalité, son esprit, son talent, restera l'une des plus jolies gloires de la presse française, J.-J. Weiss, appliqua la même définition au Président de la République en la modifiant légèrement : Le principe fondamental de la Constitution est ou doit être que le Président chasse le lapin et ne gouverne pas.

Rien d'irrévérencieux ne dictait ce mot plaisant à J.-J. Weiss. Il énonçait un fait. A l'époque, Jules Grévy, dont les chansonniers de la Butte ont fait Grévy le Jurassique, affectait d'exercer sa charge dans les chasses de l'État ou les tirés de Mont-sous-Vaudrey. A étaler sa passion cynégétique il apportait

une coquetterie narquoise. D'être Président
de la République, ce vieux renard sournois,
qui, entre deux coups de fusil, prêta la main
aux ennemis de Gambetta pour lui passer le
lacet, était plus satisfait qu'il ne le laissait
paraître. Néanmoins, il gardait le souvenir
de s'être opposé dans la Constituante de 1848
à la création de la Présidence, jugeant l'institution inutile, dispendieuse, antidémocra-
tique. Détenant la magistrature dont il avait
été l'adversaire, il feignait d'expliquer à sa
manière cette contradiction un peu violente :
il prétendait démontrer par son exemple que
l'Élysée — après lui ! — conviendrait, à tout
le moins, au logis d'un garde-chasse général.
Ses successeurs n'y virent pas malice. La tradition continue. Un Président qui ne chasse-
rait pas le lapin serait mésestimé. On ambi-
tionne de figurer au tableau du chef de l'État.
Les bourriches de Marly, peste ! cela vous a
un petit fumet de Cour, cela sent son Louis XIV.
Qui en est honoré se montre aussi flatté qu'un
courtisan admis à tenir le bougeoir ou la chemise du grand Roi.

Laissons le lapin à son clapier : pas plus que l'héraldique ne daignerait le tolérer dans le voisinage de l'ours blanc et du léopard, la Constitution ne le mentionne dans les attributs de son suprême gardien. Elle nous enseigne tout bonnement que le Président de la République est le premier personnage de l'État. Élu des élus de la nation, représentant de la Loi et de la Patrie, chef honorifique de l'armée, nautonier de ce grand pays toujours battu des flots, toujours menacé de la tempête, il personnifie la France aux yeux de l'univers. Ses prérogatives sont d'importance. S'il ne dispose pas du droit de paix et de guerre, il possède le droit de dissolution, il choisit les ministres, il a la faculté de retarder le vote d'une loi nouvelle, d'en appeler au pays. Ce n'est pas rien. Quand donc l'on prétend que le Président n'est qu'un maître des cérémonies, on voit combien l'on se trompe. Placé au-dessus des partis, il garde, avec sa dignité, l'indépendance d'action que lui assignent les lois constitutionnelles de 1875 revues et corrigées en

1884. Mais entre ce que peut déterminer la Constitution et la réalité des choses, il y a un abîme, un abîme si profond que, si l'on y jette les yeux, la Constitution n'apparaît plus que ce qu'elle est devenue sous l'action des partis : un mensonge légal.

Le moyen le plus propre à souligner la dérision de ce que les hommes politiques eux-mêmes appellent couramment les fictions constitutionnelles, et cette expression est d'un cynisme significatif, c'est l'examen du passé. Regardons, en un bref raccourci, comment la magistrature suprême a été conçue, exercée, par ses représentants successifs. Les convenances les plus naturelles nous interdisent de dessiner en ce tableau le Président d'hier et le Président d'aujourd'hui. Nous laisserons de côté leurs personnes comme leurs actes. Nous ne parlerons non plus de M. Thiers, qui tomba avant l'établissement de la Constitution, ni du maréchal Mac-Mahon, qui aima mieux se démettre que se soumettre. Grévy, Carnot, Casimir-Perier, Félix Faure, le règne de ces quatre Présidents suffit à éta-

blir si la pratique répond à la théorie. Les
hypothèses sur ce que l'on peut attendre de
l'avenir découleront ensuite, logiquement,
de cet aperçu.

Le Président doit être, dans la bataille des
partis, neutre et impartial. Si jamais il en
fut un qui tourna cette règle, avec la rouerie d'un robin habitué à tourner la loi, c'est
Jules Grévy. Choisi, on peut le dire, au refus de Gambetta, qui préféra se faire généreusement son grand électeur, il travailla
obstinément, avec une passion froide, tenace,
dissimulée sous une feinte bonhomie, à démolir le tribun et son parti, puis Ferry et
sa majorité. Dans son message, il avait
exposé sa conception du pouvoir présidentiel :
soumis avec sincérité à la grande loi du régime parlementaire, il n'entrerait jamais en
lutte, assurait-il, contre la volonté nationale
exprimée par ses organes constitutionnels.
En effet, il la respecta, — mais en la faus-
sant. Les radicaux, alors une infime minorité bruyante, il les traita publiquement en
amis, il les installa à l'Élysée, désormais le

rendez-vous des intrigants et des mécontents.
Oh! non qu'il partageât leurs idées, mais
leurs passions servaient ses rancunes, ses
jalousies, ses prétentions. Cet homme qui
était intelligent, honnête, ami de son repos
et de ses intérêts, mais matois comme un
retors et possédé sénilement de vanité, devenait ambitieux de diriger effectivement la
politique générale de la France. Toute supériorité de nature à l'éclipser offensait son
esprit; il ne se sentait à l'aise, au Conseil des
ministres, et le maître, qu'en se voyant en-
touré de médiocrités ou de politiciens sans
caractère, prêts à lui obéir. Lorsqu'on se rappelle les dessous de sa Présidence, on pense
malgré soi, toutes proportions gardées entre
les hommes et les choses, au roi Louis-Philippe, à son *système*, la petite guerre d'embûches qu'avec sa ronde finesse il faisait à
ses secrétaires d'État quand il les jugeait
trop *personnels;* son mot, d'un égoïsme si
balzacien, sur la mort du grand Casimir-Perier:
« Est-ce un bien? est-ce un mal? » Jules
Grévy dut se l'approprier à la mort de Gam-

betta, mais en supprimant le point d'interrogation — et le second membre de phrase.

Des lois chères à Gambetta, parce que
utiles au bien public, des lois soutenues par
les ministres en exercice, furent repoussées
à la suite des manœuvres de Jules Grévy.
Bien plus ! Par sa tolérance affichée, et uniquement pour faire pièce au cabinet Ferry,
le souverain d'une nation amie fut outrageusement insulté en arrivant à Paris ; le Président, juste châtiment de cette impardonnable faiblesse, dont le plus responsable
était le ministre général Thibaudin, —
simple jouet lui-même aux mains de MM. Clemenceau et Maujan, ses conseils et amis,
— le Président dut porter les excuses offi-
cielles de la France à ce roi dont une im-
prudence avait fait la victime des calculs
d'une coterie parlementaire. L'histoire décidera si l'habile intervention de Jules Grévy
dans l'affaire Shnœbelé, où il servit la patrie
d'une façon victorieuse, doit balancer ses
fautes antérieures. Lui-même, les heures
douloureuses étant venues le faire sombrer,

ne se pardonna pas, nous croyons le savoir,
son immixtion constante, non dans les
affaires de l'État, mais dans les querelles
des partis, dans les rivalités des hommes
politiques : les radicaux, alors qu'il croyait
s'en servir, s'étaient servis de lui pour leur
propre compte.

Une amertume profonde lui vint devant
l'attitude de ceux qu'il pensait être ses vrais
amis, de ceux pour lesquels il s'était décou-
vert durant toute sa Présidence, et qui ne
lui avaient fait tenir qu'un rôle de dupe, il
s'en apercevait trop tard. Au cours d'une
des sombres journées où le scandale effri-
tait l'Élysée, le malheureux fit sa confes-
sion à l'un des membres de ces ministères
Gambetta et Ferry qu'il avait tant combattus. Dépouillant toute attitude conven-
tionnelle, laissant paraître ses sentiments,
il reconnut ses erreurs, il dit tout le mal que
lui avaient fait et ses alliés, et ceux qui suc-
cessivement avaient détenu le pouvoir depuis
deux ans, — c'est-à-dire depuis la chute de
Ferry, cette chute dont il s'était tant réjoui...

La leçon est à méditer. Elle montre que si le parti radical a la vergogne de compromettre les Présidents, il a tout autant la prudence de ne pas concourir à leur sauvetage — s'il peut y rester : tels ces noyés qui, pour se dégager d'un compagnon gênant leur coupe, l'enfoncent d'un solide coup de poing, et se sauvent. Une deuxième leçon se dégage du message de démission de Jules Grévy. Déclarant ne résigner ses fonctions qu'à la suite de la mise en demeure du Sénat et de la Chambre, il signalait la gravité d'un tel précédent; il en résulte, en effet, qu'une coalition parlementaire peut escamoter le Président comme muscade. Mais Grévy ouvrait une autre perspective ; s'il ne redoutait pas les conséquences d'un conflit entre le pouvoir exécutif et le Parlement, disait-il en propres termes, son devoir et son *droit* seraient de résister. Ce langage, sur l'heure, parut insensé et vite on l'oublia. Est-on bien sûr qu'un Président énergique ne sera pas tenté, quelque jour, de le peser, pour en faire à son profit un commentaire direct?

Carnot, lui, ne chercha ni à intriguer ni à
diriger. Nous le voyons encore, ce midi ténébreux et humide de décembre, à Versailles,
où la fièvre civique avait attiré notre jeunesse. Le rencontrant à l'écart, comme nous
quittions un groupe de ferrystes qui cessaient
d'espérer, nous lui dîmes, non sans dépit :

« Monsieur, vous êtes le Président de ce
soir. »

Droit sur la chaussée, rigide, le corps frileusement serré en son pardessus au col
relevé, le regard morne, il n'eut pas un geste,
pas un sourire ; à peine, par pure politesse,
un timide :

« Oh ! monsieur... »

Il fallut le docteur Javal, qui l'accompagnait,
pour le tirer de sa noire taciturnité :

« Allons ! mon cher, lui fit-il gaiement,
venez, venez ! »

Et, lui prenant le bras, il l'entraîna de
force vers sa destinée.

Élu du hasard, ou plutôt bénéficiaire d'un
mot imprudent de M. Rouvier à la tribune de
la Chambre, il passa à l'Élysée morose,

. effacé, résigné. Il fut l'irresponsable par excellence. Correct, strict, impeccable, bornant
son ambition à être le premier fonctionnaire
de France, il abaissa volontairement le pouvoir exécutif devant le pouvoir législatif. Chez
lui, ce n'était pas crainte, c'était méthode. On
s'y trompa. Ce neutre excessif parut une
grisaille — jusqu'à la nuit fatale où le sang
l'éclaira de sa pourpre. Les araignées parlementaires, enhardies, y tissèrent leurs toiles
librement, mais le frelon Boulanger y fut
pris, étouffé. Cette soumission réglée aux
députés, Carnot, et c'est sa gloire, en fut la
victime. De même qu'il approuvait tout, il
confirma l'arrêt qui envoyait à l'échafaud un
pauvre illuminé : ce faisant, il décidait de sa
mort et il le pressentait. La Chambre, comme
beaucoup de gens, prévoyait de son côté que
l'exécution entraînerait à coup sûr de terribles représailles : songeant d'abord à sa
propre sécurité, elle n'eut pas la généreuse
pensée d'imposer à Carnot une grâce qui l'eût
sauvegardé, lui... Quel thème facile pour les
orateurs de carrefour — le parallèle entre le

25*

sort d'un Vaillant qui ne tua personne, qui
effraya seulement les députés, *res sacra!* et
le sort d'un Soleillant qui se contenta de
martyriser une innocente fillette !...

Grévy minait ses ministres, Casimir-Perier
fut déboulonné par les siens. En entrant à
l'Élysée, il s'attendait à porter les plus lourdes
responsabilités morales. Il avait annoncé sa
résolution de ne laisser ni méconnaître ni
prescrire les droits que la Constitution lui conférait. Des droits? On l'eût tôt fait déchanter.
Traité en intrus par ses ministres, ils s'abste-
naient avec affectation de lui communiquer
les affaires de l'État, surtout celles intéressant
la sécurité nationale. Leur insolente attitude
lui signifiait qu'il n'était pour eux qu'un
soliveau. D'un naturel fier, ayant le souci de
la dignité du pouvoir, il voulut réagir. Il crut
alors s'apercevoir qu'il était condamné à
l'impuissance. La Présidence lui parut dé-
pourvue de moyens d'action et de contrôle.
On l'avait choisi pour être un Président de
combat : on lui tolérait tout juste l'initiative
d'un valet chamarré. En Conseil des ministres,

devant des faces de mensonge où il lisait
une hostilité méchante et la joie mal contenue
de son impopularité habilement attisée par
une féroce campagne de presse, la nausée
chaque jour le soulevait. Une communication
d'un ambassadeur étranger, en lui révélant
ce que ses ministres lui cachaient, provoqua
un dernier hoquet de dégoût, et il partit en
claquant les portes. Sa démission, par ricochet,
était un soufflet pour le Parlement : aussi celui-
ci cria-t-il à la désertion, à la trahison. Les
événements ont appris si la trahison était chez
le Président démissionnaire ou chez les ministres. Il était d'un caractère trop altier pour
s'employer à déjouer de basses manœuvres
de fourberie. Quant à servir uniquement
de machine à signer, il estimait un compos-
teur suffisant à cet office. Il préféra reprendre
sa liberté, sa belle indépendance, et il fit
bien.

Sur la présidence de Félix Faure, il y aurait
beaucoup à dire, trop ! Son élévation imprévue,
il la devait au parti des médiocres, et c'est le
plus nombreux, les uns effrayés par l'austère

droiture de M. Brisson, les autres par la supériorité décidée de M. Waldeck-Rousseau. Ce coup de fortune le grisa, littéralement. Il eut le vertige : il se crut roi, empereur, divin ! Napoléon III donna moins de tracas au protocole que cet ancien tanneur se boursouflant comme la grenouille qui veut s'enfler à l'égal du bœuf. M. Clemenceau, agacé de ses airs, le comparait au bourgeois gentilhomme, tantôt se pavanant, tantôt sautillant sous un chapeau chinois; même, un soir, sur l'escalier du Théâtre-Français, le perçant de ses deux yeux dardés en flèches, il lui cria sous le nez : « A la chienlit, monsieur! » Félix Faure trouva son historiographe, un reporter subtil, aux notations acerbes, qui, mêlant parfois à la petite exactitude d'un Dangeau les splendides cruautés réjouies d'un Saint-Simon, a écrit, en le suivant pendant deux ou trois ans, un journal d'une lecture ineffable. Qui voudra connaître ce Président devra colliger ces pages. Mais il y manque un épisode, et c'est celui-ci : Félix Faure, fouetté par le scandale, arpentant son cabinet à grands pas, les joues en feu, les bras battant le vide, soufflant, jurant, poussant des cris, à demi fou, s'arrêtant tout sec, empoignant une table de ses mains crispées, hagard, marmonnant, geignant, se désolant, menaçant : « Ils veulent que je parte... que je démissionne... que je démissionne... Non ! non!... je ne démissionnerai pas... je resterai... malgré tout, malgré tous...» Quelqu'un, introduit depuis un instant sans qu'il l'eût distingué, le regardait, l'écoutait, froidement, ramené par analogie au désespoir d'Harpagon volé...

Donc, il resta, la tranquillité lui fut rendue : on vit plus tard, à sa manière d'être, par quelles concessions. Quand il disparut, s'il fut sincèrement pleuré, ce ne fut point par ses anciens amis, les républicains de la première heure. Il était doué de qualités, au fond pas mauvais, mais il ne sut pas se défendre contre certaines emprises, contre certains rêves. Il avait proclamé dans son message que l'ordre républicain ne saurait courir de dangers : c'est par sa faute qu'il en

courut le plus. Sa présidence aura été, sinon
la plus troublée de toutes, du moins, sur sa
fin, la plus troublante. Elle connut des heures
louches, des moments étranges. L'exécution
seule manqua à des résolutions de la plus haute
gravité; l'obstacle de la dernière minute,
d'où vint-il? De l'inopportunité, de la dé-
faillance, de la fatalité? L'opinion des gens
bien informés est que la mort de Félix Faure
empêcha de grosses choses. Un homme pourrait parler utilement pour l'histoire. Celui-
là, deux ou trois fois, passa les portes de l'Élysée: ce ne fut pas, comme il l'espérait, en
occupant, mais en croque-mort. C'est l'homme
dont les chefs du parti républicain, au matin
du 17 février 1899, cherchant un candidat
possible en cas de refus obstiné de M. Loubet,
disaient entre eux: « Tout plutôt que Charles
Dupuy! » M. Charles Dupuy ne parlera pas,
et pour cause...

Ce rappel du passé est assez suggestif. Sur
quatre Présidents évoqués, deux ont dû dé-
missionner (comme Thiers et le Maréchal),
et les plus intelligents. Des deux autres, le

premier se renferma étroitement dans une correction terne et passive ; le second dut à la mort d'échapper à des entreprises hasardeuses. Un seul entre tous, Casimir-Perier, fit passer les exigences de sa conscience politique avant la vanité de coucher à l'Élysée au prix de toutes les humiliations : sa noblesse de caractère lui valut le mépris du Parlement.

Les attributions constitutionnelles du Président sont, disions-nous, importantes. En réalité, on le voit, elles sont fictives. Il ne peut s'imposer, à ses risques et périls, que s'il le veut et le sait ; sinon, son autorité reste purement nominale. Elle ne devient effective, elle ne s'exerce moralement et efficacement sur le pays, d'accord avec les ministres ou malgré eux, qu'au cas où ses services antérieurs, son action propre, son caractère font de lui *quelqu'un*, c'est-à-dire une personnalité visiblement prépondérante, forçant, à défaut de l'admiration, l'attention et le respect. Par malheur, les nouvelles mœurs politiques inspirent la crainte que,

de moins en moins, les qualités personnelles
soient requises des Présidents de l'avenir.
L'omnipotence grandissante du Parlement
tend à absorber tous les pouvoirs, à les annihiler complètement. Encore un effort, et il
ne déléguera plus à l'Elysée qu'un homme
de servitude. La magistrature suprême sera
dévolue, non au plus digne, mais au plus
servile.

Malheureux, les Présidents de demain !
Leurs prédécesseurs auront eu sur eux un
avantage : la faculté d'observer la neutralité
entre les partis. Cette liberté même leur sera
refusée. Dans la dislocation, l'usure des
rouages gouvernementaux, la Présidence deviendra un vulgaire instrument rouillé : les
factions maîtresses choisiront pour l'y porter
le candidat qui leur donnera le plus de gages
d'humilité. Dérisoire vassal enchaîné par la
peur d'être débarqué si une lueur de fierté
venait l'animer !

Le maître tout-puissant, ce sera le président du Conseil des ministres. Ce nouveau
maire du Palais n'aura pas besoin, pour do-

miner son fantôme de chef d'État, de lui infliger le traitement des énervés de Jumièges. Il commandera, et il sera obéi. L'asservissement final du pouvoir exécutif, voilà le danger en temps de crise. Même sympathique à la France, un Président, lorsqu'il sera avéré qu'il n'a pas sa liberté, qu'il est prisonnier d'un parti, le prisonnier d'un homme, n'aura plus ni autorité morale, ni crédit, ni respect : quoi qu'il dise, quoi qu'il arrive, la nation ne l'écoutera pas.

Ce jour-là, il surgira peut-être un parlementaire amoureux de la logique pour constater l'inutilité de la Présidence et proposer sa suppression. A moins, au contraire, qu'un autre, aux yeux de qui décapiter la Constitution serait décapiter la République, ne demande à renforcer la Présidence par l'augmentation de ses droits, de ses moyens d'action, de son indépendance.

III

LES MINISTRES

Autrefois, — restons en deçà de 1871, — un gouvernement, c'était la réunion d'hommes qualifiés sous la direction d'un homme d'État incarnant une doctrine, une manière, d'un chef de parti représentant un programme déterminé, l'appliquant, s'y tenant à tous risques. C'était quelque chose. Aujourd'hui, un gouvernement, c'est le produit des coteries parlementaires enserrant un individu, généralement quelconque, chargé d'assurer la durée à ce syndicat plus ou moins incohérent dont il se trouve être, à son tour de bête, le président éphémère comme lui. Ce n'est plus rien.

La transformation a commencé de s'opérer peu après les élections législatives, si périlleuses, de 1885. Les républicains venaient, soi-disant au nom des principes, de se faire

une guerre au couteau. Les radicaux, pour la
mieux soutenir, après l'avoir les premiers
engagée, étaient allés jusqu'à se coaliser avec
l'extrême droite. Bien entendu, les adversaires de la République se frottaient les mains
de les voir se jeter en furie sur les modérés,
pensant avec raison devoir être les principaux bénéficiaires de leurs attaques extrava-
gantes, quoique radicales. Songez donc ! Il
se trouva un ministre de l'Intérieur assez radicalement haineux, — M. Brisson, son chef,
ignora ces faits, et c'est à sa louange, — pour
intimer aux préfets, dans des départements
à peine acquis à la République, l'ordre for-
mel de combattre à outrance les personnalités opportunistes, au risque de faire le jeu
des royalistes ou des bonapartistes. Il y eut
là de pauvres petits fonctionnaires, lorsqu'ils
apercevaient leur député, qui, la veille, était
leur ministre, à qui même ils devaient leur
place, obligés de courir se cacher, tout hon-
teux, pour n'avoir pas à le saluer, — de peur
d'être dénoncés à la préfecture, c'est-à-dire à
la place Beauvau ! *Deux millions d'électeurs*

ramenés, d'un coup, à l'opposition, c'avait
été le résultat immédiat de ce républicanisme
en folie. Ah ! ils travaillaient bien, messieurs
les radicaux !

Forcés de serrer les rangs devant les cris
de victoire de l'ennemi commun, qui fit la
faute, heureusement pour eux, de se découvrir trop tôt, les républicains déconfits recou-
rurent à leur ancienne union. Elle ne fut ni
sincère ni durable ; rapidement, elle dégé-
néra en ce monstre d'hypocrisie que l'on
baptisa la concentration. L'union suppose
l'accord loyal et désintéressé pour l'action :
la concentration aboutit à l'équilibre des forces
en présence pour la possession. Les deux
choses sont plus que différentes, elles sont
contraires. L'action, son nom le dit, c'est le
mouvement, et c'est aussi le courage, la har-
diesse, un élément d'énergie, une séduisante
fleur d'espoir. La possession, c'est l'immobilité dans la jouissance grossière, l'énervante
corruption des meilleurs, la condamnation
officielle de l'effort écrasé sous la devise
triomphante : « Après nous, le déluge ! »

26*

Voilà bien, en effet, grâce à la concentration, quel a été le mot de ralliement de tous les ministères, sauf de rares exceptions, qui se sont succédé depuis 1885 jusqu'à nos jours. Le bloc n'a été qu'un rajeunissement de la concentration, avec des mœurs plus brutales ou plus cyniques.

Nous n'énumérerons pas ces ministères innombrables. On ne retient du fumier que la graine perdue qui s'y trouve éclore un beau jour par hasard, donne son fruit et meurt à son heure, ayant à l'entour épandu sa semence — laquelle germera sûrement si le destin la doit à l'avenir.

Au surplus, la raison d'être de ces ministères ne varie pas. Un calcul les crée, un autre calcul les détruit. Comment on les constitue, chacun le sait. Comment on y entre, l'influence d'un groupe, la camaraderie, l'intrigue, la souplesse y suffisent. Ce sont des combinaisons où les principes ne jouent aucun rôle. Quant aux réformes, n'en parlons pas : il en est toujours question ; aucune déclaration ministérielle qui n'en

fasse mention, et de toutes sortes ; mais cela
n'a pas d'importance : ce sont les tradition-
nels oripeaux délavés dont se décore tout
tréteau. Une question, seule, importe : l'at-
tribution des portefeuilles. Voilà la grande
affaire ! Un gouvernement n'étant plus qu'une
association proposée à la défense des intérêts électoraux de ses partisans, chaque frac-
tion de sa future majorité entend, sous menace d'opposition, être nantie d'un ou de
plusieurs maroquins. Le partage s'établit
selon des considérations numériques, selon
l'importance parlementaire des candidats et
leurs exigences : le grouillement des amis
qui leur font cortège supplée au mérite personnel.

En montant au pouvoir, un chef de parti,
jadis, s'efforçait d'abord de placer à la tête de
chaque administration un homme compétent. Celui-ci, trop satisfait d'avoir été distingué pour ses aptitudes spéciales, s'incli-
nait sans penser à faire le renchéri. Un Jules
Ferry, ayant déjà derrière soi un gros ba-
gage, allait à l'Instruction publique, et il y

besognait si bien qu'aucun de ses successeurs encore ne l'a fait oublier. Un Rouvier
débutait au Commerce, un Méline à l'Agriculture, et, dans ces postes où les avaient
désignés leurs connaissances particulières,
ils apprenaient davantage le maniement des
affaires, ils approfondissaient les intérêts de
l'État, tandis que, dans les conseils du gouvernement, en écoutant l'expérience de leurs
aînés, l'autorité de leur chef, ils se prépa-
raient à de plus hautes charges. Aussi, lorsqu'ils devenaient présidents du Conseil, on
pouvait critiquer leur direction politique,
mais les adversaires eux-mêmes leur recon-
naissaient un certain savoir-faire, une volonté,
une méthode sérieuse. Tout député, de nos
jours, tout député qui a du bagout, du toupet,
de l'entregent, et ce n'est pas l'oiseau rare,
se croirait déshonoré d'accorder son concours à un nouveau ministère s'il n'était
d'emblée appelé aux premiers emplois. C'est
par là que notre régime constitutionnel, tel
qu'il est pratiqué, arrive à réaliser si joli-
ment, non la démocratisation des fonctions,

mais leur médiocratisation, — le terme convient à la chose.

Macédoine d'échantillons de groupes aux prétentions contraires, un ministère ne peut plus avoir qu'un mobile de gouvernement : se maintenir en vivotant au petit bonheur. Son activité se réduira à une savante stratégie le préservant des divisions intestines ou des chausse-trapes parlementaires. En dehors de ses adversaires déclarés, et dont c'est le droit de l'attaquer, il a derrière lui, dans ses propres troupes, toute une meute de ministrables le talonnant, l'excitant de ses crocs — en attendant de le mordre et de l'étrangler. Comme on jette un os au dogue affamé pour le contenir, il lui faut tromper son attente en le gorgeant de faveurs : la fortune de la France y pourvoit. Danger moins à craindre pour lui que le démon qui le ronge intérieurement.

Un gouvernement digne de ce nom a, comme première nécessité, une direction unique et obéie : celle de son chef. Quand celui-ci, connaissant ce qu'il veut, sait l'im-

poser et s'imposer soi-même, ses collaborateurs lui sont attachés, le consultent sur
tout, travaillent d'ensemble, et il naît de
cet accord fidèlement observé une unité d'action qui prévient tout froissement comme
toute surprise. Dans le cas contraire, le désarroi règne parmi les ministres. Incertains
sur la pensée de Monsieur le Premier, moins
préoccupés de se conformer à ses avis qu'aux
sommations de leurs groupes, les uns tirent
à hue, les autres à dia ; des rivalités éclatent
dans leurs rangs, des mésintelligences ai-
guës : on en voit qui se morigènent publiquement, glorieux de mettre la galerie
au courant de leurs zizanies.

L'occupation du président du Conseil est
de ramener le calme en cette équipe désor-
donnée. Chaque jour il s'évertue à retarder
la suprême cassure. Une bonne moitié de
ses ministres se sachant condamnés à ne
plus revenir au pouvoir lorsqu'ils l'auront
quitté, il parvient à les raccommoder, car,
en fin de compte, ils aiment mieux se faire
concessions sur concessions que de préci-

piter eux-mêmes l'inévitable chute. Mais il n'existe entre eux ni cohésion, ni confiance, situation de nature à paralyser leurs efforts s'ils étaient jamais tentés d'accomplir leurs programmes. Les membres des cabinets de cette sorte s'entendent si peu qu'on a même assisté à ce spectacle hilarant : un chef de gouvernement exposant, désinvolte, une politique générale opposée à celle qu'avait soutenue, un instant auparavant, à la même tribune, son principal collaborateur. Alors le pays ne sait que penser : les ministres sont-ils si légers qu'ils oublient de se concerter, ou si divisés qu'ils se jouent les uns les autres ?

De pareils dépositaires du pouvoir, il n'est permis d'attendre qu'une administration vacillante, cahotée, soumise au hasard, sans autre idée directrice qu'une égoïste pensée de conservation personnelle. Quelques-uns d'entre eux, dans le passé, ont été des promulgateurs de principes d'une doctrine intolérante, d'un dogmatisme batailleur. Aussi leur avènement a-t-il, éveillant à la fois des

souvenirs et des craintes, surexcité la curiosité. Quelles réformes caractéristiques
allaient-ils réaliser ?... Ils s'installent, les
jours passent, ils durent, et la surprise est
universelle : ils font moins que tant d'autres
dont ils vitupéraient la stérilité.

Il n'y a rien de changé, dirait-on volontiers, si, comme il arrive à chacune de ces
banqueroutes des partis, l'on ne constatait
dans le pays une aggravation du scepticisme,
une décadence plus accentuée de l'esprit public. Eux, jugeant qu'ils président à la meilleure des Républiques puisqu'ils sont ministres, ils répondent solennellement aux
mises en demeure d'agir que le gouvernement a ses nécessités, ignorées de l'opposition. Cela, sans doute, est vrai, mais que
ne le reconnaissaient-ils plus tôt, alors que le
leur cornaient aux oreilles les hommes d'État
contre lesquels ils s'acharnaient sous prétexte
que les réformes n'étaient point par eux bâ-
clées à la douzaine? Tel ce pauvre Gambetta, à
qui M. Clemenceau reprochait avec véhémence
de n'avoir pas, — en deux mois de pouvoir!

— accumulé toute une série de lois à révolutionner la France.

C'est toujours la même chose. Les plus violents, le succès venu, sont les plus éteints, quand ils ne se montrent pas, à coups de fusil, les pires ennemis du peuple. Un jour, c'était à la veille de la révolution de Février, Odilon Barrot apostrophait énergiquement M. Guizot à propos du droit de réunion qu'il prétendait être violé par lui : « Vous feriez comme nous si vous étiez au banc des ministres », lui répondit, dédaigneux, l'homme d'État. « Jamais ! je vous garantis le contraire », répliqua Odilon Barrot, en se frappant la poitrine : une année pas même écoulée, ce démocrate intransigeant, devenu ministre, faisait pis que M. Guizot. Et lui aussi, pour justifier le déshonorant démenti qu'il s'infligeait devant la France entière, il invoquait les nécessités du gouvernement... L'éternelle excuse des ambitieux satisfaits, l'éternelle raison des révoltés indignés !

Mais l'immobilité, serait-elle masquée sous des soubresauts capricants, ce n'est pas tout

27

l'art nouveau de gouverner. Il y a l'attitude
à observer par les cabinets envers leurs adversaires officiels. Ceux-ci, cela va de soi, affichent
une méthode, un programme à eux. Les ministres en exercice ne peuvent les annihiler
en haussant les épaules, en avançant qu'ils
ne tiendraient leurs promesses pas plus qu'eux-
mêmes : ce serait s'en tirer par une pirouette
trop cynique. Outre que la prédiction, par hasard, risquerait d'être fausse : leurs successeurs,
méditant les événements, par exemple la révolte du Midi, laquelle démontre qu'il arrive
fatalement une heure où les plus belles paroles perdent leur efficacité, se mettraient
peut-être en tête d'agir, plutôt que de se laisser
acculer, par une présomption bébête, à une
guerre civile. Ils réussiraient ou ils échoue-
raient, ce serait leur affaire, en tout cas le
mérite de l'effort leur resterait, et ils ne tom-
beraient pas, à leur chute, dans ce puits
d'oubli où s'amoncellent tous les ministres
qui ont été des inutiles et des égoïstes.

Et puis, l'action, si elle est réfléchie (ce
n'est pas toujours le cas), c'est de l'habileté

prévoyante! « Si vous résistez aux vœux de
l'opinion, disait ce grand modéré de Ferry,
défiez-vous de la tendance qu'a ce pays à
enfler sa voix lorsque ses mandataires font
la sourde oreille! » Cet avertissement, il le
donnait précisément à l'occasion d'une réforme dont l'opposition radicale le poursui-
vait avec tintamarre : la revision de la Constitution. Il fit la revision sienne, mais dans
les limites possibles, et à son heure : par là,
il calma l'opinion, et il désarma les radicaux — eux quinauds. Depuis, les gouvernants ont fait du progrès : ils ne cherchent
plus à vaincre l'adversaire politique en émous-
sant ses armes, ils l'attirent hypocritement
dans un scandale, au risque d'y trébucher
avec lui. Mais ils sont comme cet autre qui
tirait de l'arbalète contre le ciel et ne voyait
pas que la terre allait lui manquer sous les
pieds.

Ces mœurs assez répugnantes — bassesse
des moyens, abjection de caractère des ministres qui les emploient, — naguère on les
eût stigmatisées d'une superbe indignation.

Mais le temps n'est plus où M. Clemenceau
se faisait applaudir en flagellant les turpitudes du gouvernement de M. Combes, le
représentant comme un gouvernement de
dénonciateurs et de mouchards qui mettait
des policiers aux trousses des sénateurs, des
députés suspects d'opposition ou d'indépendance. Au moins M. Clemenceau, ministre,
épargne-t-il au Parlement les pratiques qu'il
réprouvait quand il donnait l'assaut au pouvoir?...

Les gouvernements, par de telles manœuvres, perdent toute force morale. Il leur
reste, dira-t-on, la force matérielle, et, s'il
est besoin d'agir, ils le peuvent toujours.
Est-ce bien sûr? Pesez cette réponse typique
d'un président du Conseil à un personnage
autorisé, venu le presser, en des jours
troublés, de se tenir sur ses gardes : « Nos
ennemis, s'il leur plaît de passer des menaces aux actes, sont les maîtres : je ne suis
sûr de personne ici, pas même de mon valet
de chambre ! » Et, comme son interlocuteur le regardait avec étonnement, le Premier

reprit, oh! si triste, si désespéré : « Oui,
c'est ainsi. Mes propres collaborateurs, les
ministres eux-mêmes, je ne sais qu'en
penser : la plupart sont là à flairer d'où
viendra le vent. Mais vous en connaissez
quelques-uns : mon garde des sceaux, croyez-
vous que je puisse compter sur lui?... »
Tous les chefs de gouvernement ne l'avouent
pas, mais combien affichent plus de confiance, — en quoi ils ont raison, — qui, *in
petto*, tremblent pour le lendemain!

Il est des circonstances, nous ne l'ignorons
pas, où les plus grands hommes d'État se
trompent tout les premiers. Un Guizot lui-
même expia cruellement la superbe assurance
qui lui fit prendre pour une ébullition passagère
ce qui était l'ébauche d'une véritable révolution; sa fuite précipitée devant l'insur-
rection, sous un déguisement grotesque,
vint assez tôt le punir de son orgueilleux
aveuglement. Or, l'histoire n'est qu'un per-
pétuel recommencement. Nous ne prétendons
pas cependant que M. Clemenceau se rési-
gnerait, à l'exemple du ministre de Louis-

Philippe, à gagner un abri sous une jupe et
une coiffe de vieille femme. Nous le savons
brave, c'est la plus certaine de ses qualités;
nous sommes convaincu que dans une com-
motion, surtout si elle était provoquée par
sa faute, il n'imiterait pas celui de ses ministres dont il a dit — avec cette verve
souvent injuste, mais toujours impitoyable :
« Depuis que je le connais, je le sais lâche. »

Un ministère, tout pesé, ce n'est plus
qu'une façade sans consistance. Derrière, l'on
ne distingue que des préoccupations personnelles et l'esprit d'intrigue. Il ne faut pas
s'en étonner. La République compte plus de
deux cents anciens ministres et tout autant
de ministrables, soit la moitié du Parlement.
En cet épais troupeau, combien d'hommes?
A en juger par le passé, fort peu. On a vu,
en des périodes critiques, les politiciens les
plus estimés se dérober au pouvoir parce qu'il
y avait danger à l'accepter. La véritable
force gouvernementale, d'où la République
pourrait-elle donc l'attendre? Du Parlement
ou de la rue?

IV

LE PARLEMENT

Michelet appelait la patrie « une grande amitié ». Nos parlementaires, eux pratiques, la prennent tout bonnement pour une grande tontine. Cet abaissement du point de vue fait le fléau du régime.

Tous les gouvernements, qu'ils soient d'essence aristocratique ou démocratique, ont des vices inhérents à leur principe et à la nature des choses. Réaliser la perfection, aucun ne le saurait, étant œuvre humaine. Mais il semble qu'à l'user ils prennent le même défaut. Gagner les cœurs lorsqu'ils s'installent, c'est leur première pensée à tous; les corrompre lorsqu'ils vieillissent, leur moyen commun.

Le propre de tout État gangrené est de prêcher la matière plutôt que l'idéal. Une monarchie, partant d'ailleurs d'une concep-

tion économique soutenable, incite ses sujets à s'enrichir. Une république crie à ses
représentants de regarder dans leurs circonscriptions. Le résultat, sinon le but, est iden-
tique : c'est la subordination des principes généraux aux considérations égoïstes. L'exhor-
tation à la crainte de l'électeur tomba, on
s'en souvient peut-être, des lèvres d'un garde
des sceaux : la Chambre, en émettant le vote
attendu de cette menace indirecte, prouva
qu'avec elle nul argument ne vaut celui de
l'intérêt personnel. L'immoralité aussi brutalement étalée indigna. Mais lequel était le
plus répréhensible, du ministre d'occasion
qui, jaugeant à sa juste valeur la mentalité
des députés, éveillait en eux la plus vile
passion, ou de la Chambre qui, au lieu de
chasser l'insidieux corrupteur sous les huées,
le justifiait en se comportant comme il le
commandait?

Tout a été dit sur l'avilissement vertigineux
des fonctions de législateur à notre époque.
Passons sous silence les défaillances individuelles ; on les prétend nombreuses, assurées

en fait — quoique connues — d'une stupéfiante impunité ; mais on ajoute qu'à oser
s'en purifier la République risquerait de se
noyer en des eaux trop bourbeuses : elle préfère laisser la mare croupir jusqu'à l'éclat de
quelque grande épidémie. L'élément le plus
visible de la déconsidération qui entoure la
Chambre d'un halo empesté est son aplatis-
sement devant la foule. Sa préoccupation
dominante lui vient de l'électeur : elle l'épie,
inquiète, comme un délinquant le gendarme.

Que le mandataire se tienne au courant
des aspirations de ses mandants, c'est l'un de
ses devoirs. Mais la nécessité de rester en
rapports avec eux ne l'oblige pas à se faire
leur intendant, encore moins leur domestique.
Le caractère propre de sa mission consiste à
être, en même temps qu'un représentant
fidèle, un guide éclairé, indépendant, et, par
là, respecté. Se soumettre docilement aux
caprices des électeurs, à leurs passions même
dangereuses, est à la portée du premier
venu, — d'où l'affluence croissante des candidats et l'enflure grossissante des pro-

grammes. Un député, du moment qu'il accepte de servir des théories, des idées qu'en lui-même il juge fausses, peut être sujet à toutes les complaisances vilaines. Il sacrifiera sans vergogne les grands intérêts du pays à ses petits calculs de circonscription : ceux-ci dirigent ses actes comme ses votes. Un ministère néfaste, il le maintiendra s'il le croit en faveur près de son clocher ; une question importante, il la résoudra avec le souci des mêmes préoccupations locales. Voilà comment la représentation nationale se trouve faussée ; voilà pourquoi elle perd, outre sa dignité, toute influence morale sur le pays.

Disons les choses telles qu'elles sont : le Parlement tombe en discrédit parce que ce n'est pas la France qu'il représente, mais une fédération de fiefs électoraux. Que l'on entende bien notre pensée. Elle n'est pas d'incriminer les partis. Leur existence, nous ne le discutons pas, est indispensable à l'équilibre et au progrès de tout gouvernement, sauf l'autocratie. L'histoire des tories et des whigs en Angleterre est là pour démontrer

l'immense avantage qu'une nation, même
monarchique, peut tirer d'une heureuse ri-
valité entre deux partis également puissants.
Ah ! si la République comptait encore, à défaut
de whigs et de tories, des partis politiques
bien définis, homogènes, constitués autour
de doctrines stables et désintéressées, disciplinés sous l'action de chefs autorisés et
écoutés, elle pourrait regarder l'avenir sans
anxiété. Mais c'est justement son plus grand
malheur : des partis, qui fassent corps avec
elle, et qui soient représentatifs d'une idée,
d'un nom, d'une méthode rationnelle, voire
d'une méthode révolutionnaire, elle n'en
compte plus un seul, nous n'en exceptons pas
le socialisme lui-même, tel qu'on le connaît
aujourd'hui.

Où est-il, par exemple, le parti dont on
soit en droit de dire : c'est celui de la République, c'est parmi ses membres que la tradition républicaine se perpétue ; c'est sur ses
bancs que siègent les orateurs prêts à évoquer
les principes et l'esprit civique, c'est de lui.
le tocsin sonnant l'alarme, que viendrait le

salut? Ce parti, où est-il?... Vainement le chercheriez-vous. Il semble que le souffle de la déception l'ait dispersé avant même que le vent de la mort l'ait décimé. Voyez la Chambre : à part quelques fortes indivi- dualités, inutilement perdues dans la tourbe envieuse qui ne veut au pouvoir que des séides ou des bateleurs à clinquants, vous n'y trou- veriez que les commis bridés des clans d'ar- rondissement. C'est une union de coteries, disons-nous poliment. Le peuple, lui, plus brutal parce qu'il est plus franc, dit : C'est la clique !

Il y a là dedans tant de groupes aux éti- quettes variées qu'il est impossible d'établir un classement sérieux des partis. En effet, ces groupes, aucun esprit politique propre- ment dit, aucune idée élevée ne les anime. Nous n'avons pas la naïveté de penser que le monde parlementaire puisse vivre purement d'idéologie. Désormais les idées et les inté- rêts sont indivisibles : tout l'art du législa- teur est de savoir les concilier. Une représen- tation nationale asservie aux préoccupations terre à terre trahit et perd le peuple dont elle émane. En s'abandonnant au matérialisme le plus grossier, elle crée le plus grand danger social. Lamartine, en son admirable discours du banquet de Mâcon, proclamait la pérennité du spiritualisme dans le genre humain, et, s'il prophétisait la révolution de Février avec une conviction si rapidement justifiée par les événements, c'est qu'elle lui apparaissait comme l'inévitable protestation du sentiment public contre la dépravation des mœurs gouvernementales et parlementaires d'alors. Il était acclamé des milliers de vignerons et de paysans accourus l'écouter, lorsque, dans un élan de noble inspiration, il s'écriait : « Le genre humain est spiritualiste, et c'est là sa gloire; et les religions, les révolutions, les martyrs, ne sont que le spiritualisme des idées protestant contre le matérialisme des faits. » Notre corps parlementaire ne comprendrait pas l'enseignement profond de ces paroles : ses applaudissements vont à un Viviani glorifiant le ventre et les appétits.

Les politiciens d'arrondissement qui composent la Chambre ne se fractionnent par groupes en leur Palais-Bourbon qu'en vue de surveiller la balance de leurs intérêts respectifs. Conquérir une influence productive en se serrant les coudes est la légende de leurs fanions. Tandis que les partis, jadis, s'efforçaient de recruter des valeurs, les groupes actuels travaillent à racoler des voix. Ce sont d'autres syndicats professionnels où le nombre fait la loi, et où, par suite, tout oison se croit aiglon. Tout le travail parlementaire s'y réduit à se faire la courte échelle, et, une fois monté, à tirer les autres. La camaraderie, la sympathie, la souplesse, une ronde hypocrisie à la bon-garçon, ce sont là les conditions du succès. Les petits ambitieux qui y papillonnent seraient presque à plaindre : s'insinuer, flatter, tout approuver, tout louer, tout subir, en un mot se ravaler à la plus infâme courtisanerie, c'est leur lot. En vérité, à les voir manœuvrer, on se demande de quel droit nous nous permettons de mépriser les courtisans de

Louis XIV, tel ce pauvre abbé venu à Marly, qui, ruisselant d'eau sous une averse imprévue, grelottant, songeait d'abord à plaire, souriait et susurrait : « La pluie de Marly ne mouille pas !... » Les arrivistes du Parlement, eux, ne se sentiraient souillés pas même par les crachats.

Un jour, M. Clemenceau, philosophant sur la mort de M. Goblet, écrivait qu'un homme politique ne peut agir sur son temps qu'à la condition de rabaisser son activité au niveau de la médiocrité courante. Il lui a été facile de trouver dans son propre parti — qualifions ainsi cet agrégat — le point d'appui nécessaire à la mise en pratique de sa conception de gouvernement. Son premier acte en montant au pouvoir ne fut-il pas de s'effacer humblement derrière le terne paravent qu'était M. Sarrien, ce sphinx argileux, dont M. Jaurès, qui a parfois l'image un peu hyperbolique, il est vrai, a fait une « colonne de médiocrité » ? La maxime de M. Clemenceau, la personne de M. Sarrien, voilà qui explique bien des causes de la décomposition parlementaire.

Ce M. Sarrien, hier plus imposant qu'une montagne, aujourd'hui plus chétif qu'une souris, parut un grand homme tant qu'il eut l'habileté de rester un grand muet. Son histoire est très simple. C'est celle de certain personnage romanesque au temps des guerres de religion : notre homme, papiste, descendant la Loire sur une barque nantie de huguenots, se garde bien de parler, mais il sourit à celui-ci et à celui-là, tire par son silence et ses airs entendus aile ou plume de l'un ou de l'autre qui, admirant ce génie sans voix, le gavent à qui mieux mieux jusqu'au moment où, le malheureux s'étant signé, ils le rouent de coups et le jettent à l'eau. M. Sarrien, une fois, ouvrit la bouche et pour blâmer les Quinze Mille : il en périt! Il n'est pas le premier politicien de l'ancienne extrême gauche à faire ainsi le plongeon dans l'oubli. L'on voit au Sénat et à la Chambre plus d'une vieille redingote radicale maintenant démodée, mais encore reluisante des frottements familiers auxquels elle se prêtait dans l'espoir de franchir d'une échine courbée les portes de l'Élysée.

Si la médiocrité est vraiment l'inévitable condition du parlementarisme, la France n'a pas à se plaindre : elle est largement servie. Ses représentants, peu remarquables par leur supériorité, le sont davantage par leur esprit d'intrigue et leurs trafics d'influence. Ils font retentir les antichambres ministérielles des sollicitations de leur clientèle. Favoritisme encombrant et fiévreux ayant pour résultat — par les marchandages et les gaspillages de temps — l'impuissance à légiférer. Voyez la Chambre actuelle. Elle est en exercice depuis deux ans bientôt. Qu'a-t-elle fait? La célèbre exclamation de Desmousseaux de Givré nous vient sans effort au bout de la plume : Rien! rien! rien! Ne parlons pas des lois successives de M. Briand sur la religion : ce sont les chapitres inachevés d'un ouvrage de circonstance dont la fin dépendra des événements. L'actif de la Chambre se réduit à deux lois : l'une, née de son initiative, sur le relèvement de l'indemnité parlementaire; l'autre, œuvre personnelle de M. Clemenceau, sur la réglementation des maisons de jeu. L'institution des Quinze-Mille balancée par le pourcentage prélevé sur les cagnottes, le gousset des cercleux se vidant dans la poche des députés, c'est d'une jolie ironie, mais, comme réforme, c'est un peu léger.

A quoi bon l'absorption de tous les pouvoirs publics par l'omnipotence législative? Elle aboutit, on le voit, au plus grand avortement. D'aucuns en accusent l'abaissement du niveau des Assemblées. A notre avis, elles se signalent moins par la pénurie des capacités que par l'absence des caractères. Si, par hasard, il s'y rencontre des hommes déterminés, gouvernement et majorité les annihilent bien vite : leur règle de conduite est de piétiner sur place. L'obstruction radicale expliqua longtemps l'impuissance législative : les radicaux sont au pouvoir, aucune opposition irréductible ne les gène, que font-ils? Longtemps aussi la fragilité des ministères, leur brièveté, nuisit au travail parlementaire : l'obstacle n'est plus, M. Clemenceau règne depuis deux ans à la place Beauvau ; alors pourquoi cette immobilité, ou, ce qui revient au même, cette fausse activité brouillonne et inféconde? C'est qu'un Parlement n'accomplit un labeur productif que s'il est guidé par un gouvernement ayant une méthode et une volonté : les bras tombent inertes quand la tête bat la campagne.

Il existe à la Chambre deux groupes résolus, dit-on, à secouer l'apathie ambiante : celui des réformes sociales et celui de la réforme électorale. L'un et l'autre se défendent de tout parti pris politique. Le premier prétend résoudre les questions touchant à la prospérité de la nation et à sa richesse, en tenant compte de la complexité des intérêts en jeu; en un mot, il se propose de réaliser l'harmonie dans le pays par une amélioration logique de la vie sociale, sans esprit de secte. C'est une entreprise louable et généreuse : peut-elle être menée à bien avec le mécanisme législatif actuel? Le second groupe, précisément, étudie les moyens de remédier aux inconvénients du parlementarisme et du uffrage universel tels que nous les voyons

fonctionner : scrutin de liste, scrutin régio-
nal, proportionnalité, diminution du nombre
des députés, il étudie les conditions possibles
d'une profonde transformation. Nous ne voulons pas douter du bon vouloir de ces groupes.
Mais une chose nous inquiète, c'est qu'ils
auront contre eux, si ce n'est déjà fait, tous
les égoïstes et tous les impuissants : les politiciens incapables — sauf de raccrocher un
portefeuille — sont furieusement envieux
de qui se permet d'apporter des solutions
sérieuses et pratiques. Ceux-ci, qui sont les
maîtres du jour, la Chambre les suivra-t-elle
longtemps encore? Ou bien, rendue média-
tive par l'approche des élections, écoutera-
t-elle les bons conseillers? Il n'est que temps
pour elle — et pour la République — d'y
réfléchir.

Le Premier Consul pouvait dire, seul,
qu'on ne gouverne pas avec le bavardage et
les grandes assemblées : la France était assez
occupée à écouter la voix grondante de ses
canons. Mais, depuis, elle a pris des habitudes de liberté, de discussion, de contrôle.

Ceux-là risqueraient une partie dangereuse
qui oseraient lui proposer de substituer au
régime représentatif ce que Benjamin Constant appelait, par un euphémisme académique, un régime de servitude et de silence.
Le goût de disputer et de fronder est maintenant trop enraciné chez nous pour prétendre en triompher brutalement. Le Parlement, toutefois, aurait tort de s'y fier. Par
une de ces contradictions dont les peuples
ne sont pas plus exempts que les hommes,
les coups d'État n'ont réussi dans notre pays
qu'en haine des « bavards ». Le Parlement
actuel, on ne le hait pas encore, mais il est
impopulaire : on le méprise. L'incohérence
ministérielle, c'est déjà beaucoup ; la déli-
quescence parlementaire, c'est trop. Il suffirait d'une explosion de colère et de dégoût,
ou même d'un moment de lassitude, pour
que la nation, excédée, acceptât sinon un
Robespierre à cheval, du moins un Crom-
well qui fermerait momentanément le Palais-Bourbon en suspendant à ses grilles
l'écriteau dérisoire : « Chambre à louer ! »

La montée du parlementarisme français fut rude. Qu'il prenne garde ! S'il n'avait pas le courage de s'amender lui-même, il pourrait glisser sur une pente follement rapide...

V

LES FONCTIONNAIRES

L'Administration, ayant été complètement renouvelée depuis la tentative monarchique du 16 mai, soit depuis trente ans, ayant été de plus portée par l'augmentation continue des emplois à près d'un million d'hommes, doit être, semble-t-il, le cadre le plus résistant de la République, son ossature même. Voyons cela.

Qu'est-ce que l'Administration ? L'intendant de la démocratie, répond Gambetta. Définition exacte, s'appliquant aux fonctionnaires du régime républicain. Mais, sous d'autres régimes, l'on dira avec autant de justesse : c'est l'intendant de l'empereur, l'intendant du roi. En effet, quelles que soient les vicissitudes de la vie publique, un vocable seul est à changer dans la formule, le nom du maître en exercice ; quant à son es

prit, il ne varie pas, et il signifie tout simplement que les fonctionnaires sont les agents
d'exécution du gouvernement qui les em-
ploie. Non ! rectifient les libéraux (cette dé-
nomination prise en son vrai sens), ils sont
les agents du pays. En théorie, la distinction
est d'importance, car elle oppose les intérêts
permanents de la nation aux calculs de ses
gouvernants éphémères ; en fait, elle demeure
illusoire, car tous les gouvernements ont la
prétention de représenter le pays et de confondre leurs propres intérêts avec les siens.
C'est pourquoi le pouvoir central a toujours
considéré les fonctionnaires comme des serviteurs dont il est en droit d'attendre obéissance, dévouement, fidélité.

D'après cette règle générale, le choix des
fonctionnaires a été constamment dicté, sauf
de rares exceptions, par des considérations
politiques. N'en soyons pas surpris. En
France, où une révolution dépend parfois
d'une saute de vent, les gouvernements se
croient tenus d'être soupçonneux. Comment
iraient-ils choisir les modernes *missi domi-*

nici chez leurs adversaires? Ils craindraient de livrer la place à l'ennemi. L'on objecte à cela la remarquable largeur d'esprit du Premier Consul lorsqu'il remplit les cadres de l'administration constituée de toutes pièces en l'an VIII. Ses fournées de préfets groupaient, pêle-mêle, constituants, conventionnels, révolutionnaires, modérés. Et l'on fait observer qu'il n'eut pas à regretter ce généreux éclectisme : les plus férus d'autoritarisme parmi les préfets de l'Empire étaient d'anciens jacobins, de même que, sous Louis-Philippe, les plus ardents à traquer les membres des sociétés secrètes avaient été pendant la Restauration de chauds adeptes du carbonarisme. Le mérite de Bonaparte fut de se montrer, en l'occurrence, excellent psychologue ; il jugea que, contrairement au proverbe, l'habit parfois fait le moine, et que possession, le plus souvent, vaut opinion : nantir la Révolution, c'était l'embrigader.

Il faut être juste — même envers le Premier Consul. Quand il mit sur pied cette administration si rationnelle et si solide qu'aucun gouvernement n'a encore osé y toucher, que se proposait-il? De créer des sinécures pour y caser des créatures? Non: de réorganiser la France. Il y réussit parfaitement. Pour lui laisser les mains libres — leur eût-il permis de les lier? — les membres du Sénat, du Tribunat, du Corps législatif s'étaient interdit, par un vote semblable, de recommander les candidats aux fonctions publiques : belle résolution, dont aucune assemblée depuis n'a pensé, même sous la République, à suivre l'exemple. Il nomma, sans distinction des nuances politiques, ceux qu'il crut capables d'administrer ou aptes à le devenir rapidement par la pratique. Le premier conseil qu'il leur donne officiellement, c'est d'être, non les hommes d'un parti, de la Révolution, mais les magistrats impartiaux de la France. Assurer l'exécution des lois, gérer avec zèle les intérêts généraux, veiller de près à la bonne marche de tous les services (financiers, judiciaires, etc.), 'est la partie technique de leurs fonctions.

Comme délégués du pouvoir central, il leur incombe de faire respecter le gouvernement par une autorité ferme et intelligente, et, en même temps, d'être auprès de lui les interprètes stricts de la pensée, des sentiments des populations. Peut-on concevoir des règles plus sages pour l'administration d'un grand pays?

De tels principes de direction présentent, nous ne l'ignorons pas, un côté défectueux : l'accroissement inévitable, la prédominance de ce que l'on a appelé l'autoritarisme. C'est le plus grand inconvénient — source d'abus, de tracasseries, sinon d'arbitraire — du système centralisateur régularisé par Napoléon. Cependant, entre une administration dépendant réellement du pouvoir exécutif, et une administration née du favoritisme parlementaire, et qui lui reste étroitement soumise, il faut choisir. La France a fait l'expérience de l'une et de l'autre; elle voit la seconde à l'œuvre : elle peut juger.

La naïveté serait impardonnable, faite d'une complète ignorance de l'humanité et de l'histoire, d'attribuer exclusivement au régime républicain l'apanage des chancres dénommés népotisme et favoritisme. Les peuples ont eu et auront de tout temps leurs parasites. Si ceux-ci, dans une société civilisée, et, qui plus est, sous la loi du suffrage universel — ce règne de l'égalité sans injustice, ô nos illusions! — rencontrent plus que l'ensemble des citoyens la chance de réussir et de s'imposer, le cynisme personnel, la rouerie ne leur suffisent pas : il faut de plus l'aveulissement, l'avilissement aussi, de l'époque où ils germent, s'agitent et étendent leurs tentacules. Les mœurs, des traditions mal ou trop bien comprises, une profonde perversion du sens civique sont là pour excuser et leur temps et eux-mêmes.

Tout le dix-neuvième siècle — voilà une tradition dont la République radicale, qui a tous les courages et tous les reniements, pourrait se réclamer — appartint aux intrigants et aux partisans. La cause initiale de leur domination découla des bouleversements politiques. Un régime nouvellement intronisé

s'empressait de récompenser, reconnaissance
ou intérêt, sa clientèle et ceux qui la grossis-
saient, le succès venu, par l'appât du gain.
Ainsi se trouva transformée, rapetissée, l'administration. Dans l'esprit de Bonaparte, aucun républicain de bonne foi ne conteste plus
ce point indéniable, elle devait être avant
tout la chose de la France : les changements
heurtés de gouvernements en ont fait de plus
en plus la chose des partis.

Cela s'explique presque par l'examen des
faits. Les légitimistes, qu'eussent-ils pensé
de Louis XVIII si, à peine restauré, il n'eût
comblé leur noire pauvreté résultant de la
spoliation et de l'émigration ? Les royalistes
constitutionnels eussent-ils soutenu Louis-
Philippe s'il ne les eût sustentés avec le budget ? le budget, « cette véritable caisse
d'amortissement de l'indépendance des caractères et de la liberté morale des citoyens »,
disait Lamartine, écœuré du spectacle. Car
la course aux emplois était devenue la fré-
nésie française. La poudre des Trois Glo-
rieuses fumait encore, Charles X n'avait pas

achevé sa triste chevauchée sur la route de
l'exil, que le Palais-Royal et les ministères
étaient envahis par les solliciteurs. La « Foire
aux places ! » s'intitulait l'affiche d'un théâtre
où l'auteur stigmatisait cette explosion de
convoitises. Tous les ennemis de la Restauration prétendaient être pourvus. Devant la ma-
rée montante, le nouveau roi se trouvait forcé
de donner plus de promesses que d'emplois.

Il s'en tirait aussi par des mots dignes de
Molière. Ainsi il en eut un, vraiment splendide, comme on lui demandait le changement des magistrats : « Oh ! pour ceux-là,
s'écria-t-il réjoui, je vous les abandonne : ils
m'ont fait perdre tous mes procès ! » Mais il
n'en fit rien : le roi désormais sauverait le
plaideur.

Voilà des mœurs, disaient les républicains,
toutes monarchiques ! Eux venant, plus de
faveurs, plus de pillage de la fortune publique,
plus d'emplois inutiles : tout au mérite et à
la nécessité. Ah ! le bon billet. Eux venus,
le favoritisme connut la gloire, et l'on peut
dire que, maintenant, il est à son apogée.

La troisième République, s'installant, ne sut pas échapper aux erreurs des régimes précédents. En quelque sorte, le renouvellement du personnel administratif avait procédé, en 1814-15 et en 1830, d'une pensée de réparation et d'une mesure de précaution. La République, à son tour, voulut, après 1877, avoir son armée de fonctionnaires à soi. Elle l'eut. Le pays se persuada alors de cette vérité : la première conséquence du triomphe d'un parti politique, c'est l'accaparement et la distribution des places. Il fut acquis que le meilleur moyen de parvenir consiste à s'enrôler dans la clientèle des maîtres du lendemain. Ainsi, les recrues ne vinrent au radicalisme en grand nombre, candidats aux fonctions électives ou publiques, que le jour où l'opportunisme, occupant le pouvoir, n'eut plus un os à jeter.

C'est alors que les radicaux, ces purs! lancèrent la légende de la corruption opportuniste, en même temps que leurs alliés, les intransigeants, celle de la baignoire d'argent de Gambetta. Or, c'est un fait historiquement

établi, la seule tentative sérieuse qui ait été
faite contre le favoritisme l'a été par le parti
opportuniste : si elle échoua, la faute en remonte tout entière au parti radical. Quand
Gambetta et Waldeck-Rousseau, traçant leurs
devoirs aux fonctionnaires de la République,
réclamèrent d'eux, avec un dévouement absolu aux institutions, une indépendance très
digne à l'égard des politiciens, quand ils
firent connaître que l'avancement désormais
serait dû non à la faveur, mais au mérite, les
amis de M. Clemenceau poussèrent des cris
de paon et crièrent à la tyrannie. La réforme
avorta et le favoritisme demeura...

Entendons-nous. Nous ne professons pas
un tel respect pour la hiérarchie que nous la
voulions maîtresse jalouse de toutes les fonctions publiques, à tous les degrés. La routine
finirait par endormir, rétrécir les carrières
hermétiquement fermées aux éléments nova-
teurs. Il y a eu sous tous les régimes, et pour
les grands emplois, des choix très heureux
quoique faits en dehors de la bureaucratie.
Les secrétariats généraux de ministère où ils

furent appelés tout jeunes, un Guizot et un Thiers les occupèrent fort bien. Et l'on ne sache pas que les Charles Quentin, les Weiss, les Castagnary aient fait mauvaise figure dans les importantes directions où le gambettisme les installa. D'autre part, qui oserait blâmer les gouvernements venant en aide, celui-ci à un Alfred de Musset en le nommant bibliothécaire, celui-là à un Prosper Mérimée en le chargeant de l'inspection des monuments historiques? Un pays s'honore qui récompense le talent des uns et sait utiliser le savoir des autres. Aussi n'est-ce point contre de telles nominations que s'élèvent les protestations.

Le favoritisme que l'on dénonce de nos jours, c'est celui qui a aggravé ses effets corrupteurs en devenant le corollaire, la condition indispensable de notre parlementarisme, et en désorganisant l'administration.

Lorsque l'administration vit le gouvernement abdiquer ses droits, son autorité, devant les Chambres, elle passa à leur service, docilement, effrontément. Le travail le plus

absorbant des préfets et de leurs collaborateurs consista à canaliser le suffrage universel au bénéfice des députés qui, en retour,
s'engageaient à les protéger contre le pouvoir central s'il venait à regimber. Ce fut le
syndicalisme à l'usage des parasites officiels :
le syndicat du « coup d'épaule ». Élus et
fonctionnaires, tels l'aveugle et le paraly-
tique, se prêtèrent assistance pour corriger
leurs infirmités naturelles. Associés, ils
devinrent forts et insolents. Défense aux vulgaires citoyens de vaquer librement à leurs
affaires s'ils ne versaient au préalable un
péage congruent dans la sébile de ces roués
compères. Le bulletin de vote, vous l'entendez de reste, est la première dîme requise :
à défaut d'icelui, votre droit, fût-il éclatant
comme le soleil, ces gens dansent dessus. Ne
soyons plus surpris d'entendre dire que le
grand électeur de la République radicale,
c'est — mot trivial mais digne d'elle et de
de ses mœurs — le *piston*.

Grâce aux pratiques courantes, les neuf
dixièmes des fonctionnaires sont les fruits,

souvent coriaces, de la faveur. C'est pourquoi
ils réclament aujourd'hui un statut garantis-
sant leurs « droits ». Ne souriez pas : y eut-
il plus convaincus défenseurs de la propriété
que les acquéreurs de biens nationaux ?
Tout de même, l'origine de nos bureaucrates
étant donnée, les voilà qui vont se sacrifier
au salut des partis dont ils tiennent leur pré-
bende, n'est-ce pas ? Ils se doivent, dit-on,
à l'intérêt public et non au sort de tel ou tel
ministère qui les nomma. Très juste. C'est
donc si la République elle-même courait un
danger qu'ils manifesteraient leur dévouement à toute épreuve ?

Certain jacobin, nanti d'un emploi public,
abhorrait Bonaparte et ne jurait que par sa
mort. Quand il s'agit de se prononcer sur le
plébiscite approuvant le 18 Brumaire, il
adhéra, et, comme des coreligionnaires l'ac-
cablaient pour ce fait de leurs reproches, il
soupira cette excuse : « J'ai signé mon pot-au-
feu! » Le mot est cynique, oui, mais quelle
leçon ne comporte-t-il pas pour les gouvernements qui, menacés par des baïonnettes de

grenadiers, compteraient sur le dévouement
de leurs fonctionnaires, fussent-ils huit
cent mille! Une place, c'est la tranquillité,
la sécurité, la retraite (ah! la retraite, cette
grande tueuse d'énergies). Tous, ou presque,
ils signeraient leur pot-au-feu...

VI

L'OPINION PUBLIQUE

Le bilan de la situation est sec.

Une Présidence dorée mais désarmée, des ministres gouvernant ou plutôt baguenaudant au jour le jour, un Parlement brouillon, égoïste, méprisé, des fonctionnaires esclaves ou révoltés ; ici l'apathie, là l'inconscience ou le cynisme, partout la confusion des pouvoirs, partout la dissolution des forces : tel se résume, au moment où nous sommes, le tableau des organes de la puissance publique.

Au moins la République pourrait-elle compter sur l'opinion ? C'est le dernier point à examiner.

Tout d'abord, une question s'imposerait si l'on osait la risquer, et ce serait celle-ci : la France est-elle républicaine ? Oh ! qu'elle croie l'être, qu'elle le soit d'apparences, d'habitudes déjà plus que trentenaires, sans aucun

30

doute. Mais l'est-elle sérieusement, de cœur
et surtout — de raison ? Question capitale, sur laquelle il faudrait se garder de consulter les politiciens de profession : ils ont
trop de motifs de parler là-dessus en aveugles.
Pour la résoudre librement, pas ne serait besoin de tabler sur de fausses conjectures,
d'imaginer d'ingénieuses hypothèses, car
la donnée du problème se ramène tout
uniment à ceci : la France, depuis l'établissement de la Troisième, exactement depuis la Constitution de 1875, s'est-elle attachée à prendre des mœurs républicaines? ou
bien encore : la forme démocratique de son
gouvernement n'est-elle pas illusoire? Si l'on
a bien voulu méditer les observations de faits
qui font la trame de ces études, l'on est fixé
— et la réponse est faite.

Mais, tout de suite, avec la même netteté
de langage dont nous nous sommes fait une
règle, et moins par crainte que l'on ne nous
prête des calculs de conspirateur que par
respect pour la vérité, nous déclarerons, en
une parfaite tranquillité d'esprit, que, si la

France n'est républicaine que de nom, cela
ne signifie point qu'elle éprouve à cette
heure des démangeaisons monarchiques.
Notre désir d'impartialité reste entier lorsque
nous disons : aucune des dynasties passées
ne pourrait se vanter, sans se tromper lour-
dement, de compter dans le pays plus qu'un
gros de partisans. La France de nos jours
n'a pas plus de goût pour elles que pour qui
ou quoi que ce soit; dégagez-la des manifestations factices où la retient l'action officielle
et administrative, et elle vous apparaîtra ce
qu'elle est en réalité : indifférente, neutre,
passive. Qu'elle doive changer, c'est certain;
mais vers quoi penchera-t-elle? c'est le
mystère.

Il est d'immenses terres autrefois labou-
rables, dont l'abandon, l'incurie, l'incapacité
ont fait de mornes champs d'épines et de
chardons : cette aridité désolante attaquée
d'un soc vigoureux et pénétrant, qui dira les
magnifiques prairies où se dresseront les
fières gerbes de l'avenir?

Lorsqu'on avance devant les républicains

de carrière qu'aujourd'hui le pays manque à leur endroit d'enthousiasme, de confiance même, ils opposent victorieusement cette objection : « Voyez le résultat des élections ! » En vain leur répliquerait-on que le nombre des abstentions joint à celui des opposants actifs, cela fait déjà une imposante minorité. Nulle bonne raison ne l'emporte auprès d'eux sur la brutalité de ce fait éclatant : toutes les élections partielles, sénatoriales ou législatives, viennent confirmer régulièrement le succès remporté en 1906 par les radicaux, succès dont ils furent eux-mêmes surpris, car ce n'est un secret pour personne que M. Clemenceau redoutait pour ses amis une perte de quarante sièges. Soit ! c'est une chose indiscutable, la République actuelle a pour soi la majorité des électeurs, du moins de ceux qui votent, et, s'en tenant aux scrutins, elle a le droit de prétendre que le pays l'approuve en tout, même en ses verrues. Mais ne serait-ce pas là qu'un trompe-l'œil?

Nous avons montré que, revenant aux errements de la Monarchie de Juillet, ministres, députés, fonctionnaires, ont constitué entre eux ce que Duvergier de Hauranne appelait une sorte de société en participation dont le budget fait les frais. Que la situation financière se solde chaque année par un surcroît de dépenses — on signalait au dernier exercice un déficit de 250 millions — situation dissimulée sous un équilibre superficiel afin de ne pas exciter l'alarme des bas de laine, ce point reste secondaire aux yeux des parasites associés. Leur prépondérance, ils le savent, ne peut se maintenir qu'au moyen de dilapidations réparties entre les circonscriptions sous le prétexte de bien public. Les intérêts habilement éveillés, satisfaits en temps voulu par dosages précautionneux, toute une clientèle d'électeurs leur demeure ainsi acquise, prise qu'elle est dans l'engrenage par la nécessité ou par les passions basses. Mais n'est-il pas évident que la majorité de ces républicains se compose principalement des hommes qui ont pour principe de ne demander à un gouvernement que des satisfactions matérielles, criant avec la même ardeur : « Vive la Ligue !

Vive le Roi ! » selon l'avantage qu'ils trouvent
à pousser l'un ou l'autre cri ?

Cette forme spéciale de la corruption électorale est adhérente, non pas au régime,
mais aux mœurs adoptées par les politiciens
qui le mènent. Sa caractéristique, outre
qu'elle échappe à toute répression légale, est
de fausser complètement l'expression du
sentiment public en faisant peser une véritable sujétion sur les populations : celles
qui ont l'audace de témoigner quelque
mécontentement sont à jamais déshéritées.
Et, plus le cercle se resserre, plus la vigilance
officielle s'exerce jalousement. Il faut voir
dans les campagnes comment se comportent
tant de maires dont l'intérêt fait les hommes
liges du préfet. Ces tyranneaux tracassent
sans cesse, avec l'approbation tacite du haut
fonctionnaire, ceux de leurs administrés qui
« votent mal ». Les uns, tenant en mains les
répartiteurs, taxent outrageusement leurs
adversaires, sachant à quelles défaites aboutissent le plus souvent les recours en conseils
de préfecture. D'autres réservent exclusi-

vement les secours de l'assistance publique
aux ivrognes et aux loqueteux dont ils dirigent
la conscience (!) politique. Et l'on en sait
d'assez vils pour repousser de l'hospice com-
munal (ah! comme il y aurait à dire sur ce
genre d'institution) de pauvres diables qui
eurent la naïveté d'afficher leur indépendance
aux élections. Mais ils sont innombrables, les
moyens dont dispose un maire gouvernemental pour assurer sa domination, et, par
suite, la réélection du député bien en cour!

Si, la formidable pression administrative
reconnue, l'on considère que notre race est
soumise autant que frondeuse, qu'elle chérit
l'autorité autant que la liberté — un grand
démocrate a écrit qu'elle préférerait toujours
la dictature à l'anarchie — l'on s'explique les
scrutins dont le gouvernement se prévaut
avec orgueil. Le pays vote pour lui par
accoutumance et par indifférence. Ainsi en
est-il dans ses périodes de débonnaireté. Il
laisse faire! L'erreur des dirigeants est de
prendre pour une preuve d'attachement ce
qui n'est que le rituel lassé d'une longue

discipline sociale. Ils oublient trop légèrement avec quelle foudroyante rapidité la France s'évade, par sursauts, de ses liens d'apathie : elle se soulève furieusement dès qu'il se trouve des hommes capables de toucher son cœur, et ses improbations jusque-là silencieuses se traduisent soudain par des colères irrésistibles. Plus d'une fois la République faillit l'éprouver à ses dépens : existerait-elle encore si l'influence sédative de ses premiers hommes d'État — tous morts aujourd'hui — ne l'avait sauvée?

Au vrai, le pays témoigne pour l'instant un immense scepticisme. État d'esprit plus grave qu'il ne semble : un peuple passe vite — le nôtre l'a prouvé — de l'indifférence à l'aversion, du désenchantement au désir de changement, et ce ne sont pas les aspirations imprécises qui produisent la moindre fermentation sociale. Le curieux est que, dans cette évolution latente, l'on ne saurait saisir l'influence, l'action d'aucun parti politique. Les partis républicains ont singulièrement vieilli! Nul d'entre eux ne jouit d'une autorité morale sur la nation. Dégénérés en comités électoraux, où le partage des mandats est la grande affaire, ils seraient impuissants à entraîner les masses ou à les retenir.

Qu'on nous permette une parenthèse. En cette banqueroute des partis, des gens habiles imitent ces politiques du Directoire qui, préparant leurs accommodements avec l'avenir, supputaient les chances possibles des grands généraux chers aux armées. Mais, ne croyant plus au succès d'une dictature militaire, c'est avec des éléments civils qu'ils essaient de former une faction que l'on pourrait appeler le parti des proconsuls. Il s'agit de l'agitation créée autour des parlementaires qui vont gouverner quelque temps nos plus grandes colonies, comme à Rome les tribuns et les triumvirs allaient dans les provinces de l'Orient drainer les trésors nécessaires à garder leur clientèle et à gagner les légions. Une première tentative échoua; une autre, assure-t-on, se prépare plus délibérément. C'est un symptôme à méditer...

Il faut conclure. Les cadres de la Répu-

blique sont à peu près sans consistance. Il
appartient aux vrais républicains de les réformer, et d'urgence. Qu'ils choisissent entre
une République éreintée, souillée, spasmo-
dique, qui n'est plus que l'ombre d'elle-
même, et une République vaccinée, ra-
gaillardie, fière de son sang purifié. Ou
l'enlizement final dans la boue, ou des
coups de serpe et l'épanouissement au plein
air. La sécurité et la prospérité nationales
sont en jeu comme le sort du régime. Cela
vaut bien le risque des résolutions viriles et
l'action. Agir, oser prendre des responsabilités, dédaigner la difficulté des obstacles à
surmonter et la haine des hommes à heurter,
tout est là. Celui-là, républicain d'hier ou
républicain de demain, qui, pour le salut de
tous, aurait la volonté et donnerait l'exemple
de l'énergie, celui-là pourrait avoir confiance :
l'héroïsme a sa contagion comme le crime.

On dit : il n'y a plus d'*homme*. Qui sait?
Si celui-là doit venir, il est possible qu'il
soit là, dans la rue, dans la cohue, effacé, muet,
peut-être un objet de risée ou de mépris pour

ceux qui le connaissent. Pourquoi pas? Regardez aux États généraux ce député insignifiant, silencieux, perdu dans la foule, un bègue, prétendent ses collègues se riant de lui entre eux : la Révolution marchera, et tous trembleront devant le moqué de la veille, car il sera Robespierre. Observez ce jeune officier chétif, à l'escarcelle vide, courant de porte en porte quêter tantôt quelques louis, tantôt un galon de plus, solliciteur s'offrant à toutes les besognes : les maîtres du jour, agacés de l'inlassable quémanderie du petit intrigant, détournent la tête et le fuient, mais, avant peu, tous à sa vue se prosterneront bien bas, car il sera Napoléon.

Les événements font les hommes, mais ce n'est pas uniquement en ceux-ci que se trouve le mot de l'énigme. L'avenir nous le révélera. En attendant que se dessinent les jours d'anxiété ou d'espoir, l'on ressent malgré soi la hantise du point d'interrogation posé, à une heure pareillement critique, par ce grand voyant de Lamartine. Comme lui, l'on demande aux temps futurs ce qu'ils nous apporteront : «Sera-ce une révolution nouvelle, non plus de raison, mais de démence? Un débordement de démagogie irritée submergeant toutes les bases de la société, état, famille, propriété? Sera-ce plutôt une de ces décadences douces? une espèce de Capoue de la Révolution, dans laquelle une nation glisse comme une prostituée des bras d'un pouvoir corrupteur aux bras d'un pouvoir despotique, et s'endort dans un bien-être matériel pour se réveiller dans l'invasion? » Également comme lui, l'on est tenté de conclure que les jours de régénération ne tarderont pas à se lever... si le pays en a la volonté!

Les politiciens se trompent qui escomptent indéfiniment la léthargie sur quoi ils règnent. Le peuple français peut — nonchalance ou narcotique — s'abandonner à des sommeils prolongés. Mais il a des réveils aussi terribles qu'imprévus. Des commotions formidables n'ont-elles pas démontré combien il y a en lui de réserves insoupçonnées d'énergie, d'enthousiasme, de furieux idéal? Politiciens, songez-y! La France est semblable à certaines

coquettes altières qui s'éprennent furieusement
de l'audacieux qui les viole à l'heure psycho-
logique...

Nos petits-neveux verront de grandes
choses, disait l'autre en un temps où l'agio-
tage était roi, la jouissance souveraine et le
cœur sceptique. Ils virent Quatre-vingt-neuf,
Quatre-vingt-treize, Thermidor, Brumaire,
l'Empire, la Monarchie décapitée et la Monarchie restaurée. Nos petits-neveux à nous, ce
qu'ils verront, leur destinée en décidera — et
celle des peuples. Mais nous-mêmes, auparavant, grandes ou petites, à coup sûr, nous
verrons aussi des choses...

FIN

TABLE DES MATIÈRES

DE LA TROISIÈME RÉPUBLIQUE

TOURS. — IMPRIMERIE DESLIS FRÈRES, 6, RUE GAMBETTA.